주제별 단어
일본어
4000

이지랭기지 스터디 엮음
Easy Language Study

정진출판사

[일러두기]

- 일본어의 한글발음 표기

  이 교재에서는 하나하나의 일본어 단어에 단어의 뜻과 한글토를 달았습니다. 한글 발음은 편의상 본래 일본어 발음에 가장 가깝다고 생각되는 발음으로 표기한 것이니 실제 학습을 할 때는 참고로만 이용하시기 바랍니다.

머리말

초급 일본어를 배우고 있거나 막 초급 단계를 마친 학습자가 더 높은 수준의 일본어를 배울 때 경험하게 되는 문제 중의 하나가 어휘력 부족일 것입니다. 한두 마디 일본어를 말할 수 있는 수준에서 일본어 회화 패턴을 연습하다 보면 단어 학습을 하는 것만으로도 훨씬 다양한 일본어 표현을 구사할 수 있게 된다는 것을 알게 됩니다. 이렇듯 회화든 문법이든 기초 수준에서 한걸음 더 나아가려면 단어 학습은 매우 중요하다고 할 수 있습니다.

이 교재는 초급수준이나 초급을 막 벗어난 학습자들이 좀 더 많은 어휘와 표현을 익힐 수 있도록 일상생활에 필요한 단어 약 4,000여 개를 주제별로 수록하였습니다. 이 정도 분량의 단어로는 전문적인 분야에 대한 공부에는 다소 무리가 있을지는 모르나 기초를 갖춘 상태에서 더 많은 단어를 접하고자 하는 학습자들에게는 상당히 유용할 것이라고 생각합니다.

이 책의 구성은 다음과 같습니다.

1. 일상생활에서 쓰이는 단어부터 정치, 경제 관련 단어까지 주제를 분야별로 세분화하여 보다 효율적으로 단어를 익힐 수 있습니다.
2. 각 장에 관련된 그림을 통해 단어를 보다 쉽게 익힐 수 있고, 부록으로 일상생활에서 자주 쓰이지만 헷갈리기 쉬운 의성어 · 의태어를 정리하여 어휘력을 늘릴 수 있습니다.
3. 휴대가 가능한 포켓북 사이즈로 언제 어디서나 편리하게 학습할 수 있습니다.

부디 이 책이 일본어 단어 실력 향상에 많은 도움이 되었으면 하는 바람입니다.

차례

머리말 …………………………………… 3
발음편 …………………………………… 11

01 대명사 · 접속사 · 부사

1. 문장성분 · 대명사
(1) 문장성분 ………………………… 18
(2) 사람 · 대명사 …………………… 19

2. 부사 · 접속사
(1) 부사 ……………………………… 22
(2) 접속사 …………………………… 30
(3) 기타 ……………………………… 31

02 수 · 날짜 · 시간

1. 숫자 · 수사
(1) 숫자 세기 ………………………… 34
(2) 주요 양사 ………………………… 37
(3) 계산하기 ………………………… 40

2. 날짜와 시간
(1) 날짜 · 요일 ……………………… 41
(2) 시간 ……………………………… 47
(3) 때를 나타내는 말 ……………… 50

3. 주요명절 · 기념일
(1) 연중행사 ………………………… 55
(2) 공휴일 …………………………… 56

03 가족관계 · 주위사람

1. 가족과 친척 ………………………… 58
2. 인간관계 · 주위 사람 ……………… 62

■ **그림으로 배우는 단어** / 가족관계

04 사람

1. 신체와 생리
   - (1) 신체 ················· 66
   - (2) 내장기관 ············ 70
   - (3) 생리현상 ············ 70

2. 성격 · 심리
   - (1) 외모 · 성격 ········· 72
   - (2) 심리 · 느낌 · 상태 ·· 77

■ 그림으로 배우는 단어 / 얼굴 명칭

05 주거 · 사물

1. 주거
   - (1) 주거의 형태 ········· 92
   - (2) 주거의 구조 · 가구 ·· 93
   - (3) 주방용품 · 목욕용품 · 96
   - (4) 화장품 ··············· 99
   - (5) 잡화 ················ 101

2. 전기 · 전자제품
   - (1) 가전제품 ············ 105
   - (2) 카메라 ·············· 108

■ 그림으로 배우는 단어 / 욕실

06 학교 · 교육

1. 교육과정
   - (1) 교육과정 ············ 112
   - (2) 전공 · 교과과목 ···· 113

2. 학교생활
   - (1) 학교시설 ············ 116
   - (2) 학교생활 ············ 117

차례

　　(3) 학용품 · 문구류 ································· 121
■ **그림으로 배우는 단어 / 문구류**

07 교통 · 정보통신

1. 거리 · 길묻기
　　(1) 길묻기 · 방향 ································· 126
　　(2) 거리 ··· 127

2. 교통수단
　　(1) 비행기 ·· 129
　　(2) 차 ·· 136
　　(3) 전철 ··· 140
　　(4) 기차 ··· 142
　　(5) 자전거 ·· 143
　　(6) 배 ·· 144

3. 정보통신
　　(1) 컴퓨터와 인터넷 ····························· 146
　　(2) 전화 ··· 148
■ **그림으로 배우는 단어 / 전화기**

08 호텔 · 관광

1. 호텔
　　(1) 방 잡기 ·· 154
　　(2) 호텔 이용 ····································· 156

2. 관광
　　(1) 일본의 행정 구역 ··························· 159
　　(2) 주요 강과 산, 명승지 ······················ 166
　　(3) 관광 용어 ····································· 168
　　(4) 안내문 · 경고문 ····························· 169
■ **그림으로 배우는 단어 / 객실**

09 쇼핑

1. 쇼핑 관련 어휘
   - (1) 상점의 종류 ·········· 174
   - (2) 쇼핑 용어 ·········· 175
2. 옷 · 액세서리
   - (1) 옷 ·········· 180
   - (2) 액세서리 ·········· 183
- ■ 그림으로 배우는 단어 / 액세서리

10 스포츠 · 취미

1. 스포츠
   - (1) 스포츠 종류 ·········· 188
   - (2) 운동 경기 ·········· 191
2. 취미 ·········· 195
3. 예술
   - (1) 악기 ·········· 197
   - (2) 기타 ·········· 199
- ■ 그림으로 배우는 단어 / 운동 경기

11 식당 · 식사 · 요리

1. 식당 · 식사 관련 어휘
   - (1) 식당 · 식사 관련 어휘 ·········· 204
   - (2) 음료 ·········· 208
   - (3) 술 · 안주 ·········· 209
   - (4) 맛에 대한 표현 ·········· 211
2. 음식 · 요리 관련 어휘
   - (1) 패스트푸드 ·········· 213
   - (2) 양식 · 일식 · 한식 · 중식 · 기타 ·········· 214
   - (3) 조리법 · 조미료 ·········· 219

차례

3. 먹을 거리 · 재료
   (1) 채소 · 곡물 ································ 223
   (2) 육류 · 유제품 ···························· 226
   (3) 어패류 ·· 227
   (4) 과일 ·· 229

12 종교 · 신화 · 풍습

1. 종교 ·· 232
2. 신화 · 이야기 ································ 236
3. 풍습 ·· 238
   ■ **그림으로 배우는 단어** / 12지 동물

13 일상생활의 여러 장소

1. 여러 장소
   (1) 소방서 ·· 242
   (2) 세탁소 ·· 243
   (3) 은행 ·· 244
   (4) 도서관 ·· 245
   (5) 미용실 ·· 246
   (6) 우체국 ·· 248
   (7) 각종 시설 ·································· 250
   ■ **그림으로 배우는 단어** / 우편

14 질병과 사고

1. 병원
   (1) 증상 ·· 254
   (2) 질병 ·· 257
   (3) 병원 ·· 259
   (4) 진료과목 ···································· 262
   (5) 처방, 약 ···································· 263

2. 범죄와 사고 ·················· 265
- **그림으로 배우는 단어** / 신체의 각 명칭

15 자연
1. 자연환경
   (1) 지리 · 자연 ·················· 270
   (2) 기후 ·························· 274
   (3) 자연재해 ···················· 277
2. 동물 · 식물 · 광물
   (1) 동물 ·························· 280
   (2) 식물 ·························· 285
   (3) 광물 · 보석 ················ 286
- **그림으로 배우는 단어** / 날씨와 자연

16 비즈니스 · 경제
1. 직업 ······························· 290
2. 회사
   (1) 회사 조직 · 직급 ········· 293
   (2) 회사생활 ···················· 296
   (3) 사무용품 ···················· 300
3. 경제
   (1) 비즈니스 · 무역 용어 ··· 303
   (2) 경제 ·························· 309
   (3) 산업 ·························· 314
- **그림으로 배우는 단어** / 직업

17 국가 · 정치
1. 정치 · 군사
   (1) 국가 · 정치 ················ 320
   (2) 행정 기관 ·················· 323

차례

　　(3) 외교 ·· 324
　　(4) 군사 ·· 325
　2. 나라 이름 ·· 327
　■ 그림으로 배우는 단어 / 나라 이름

18 위치와 성질

　1. 위치 · 방향 ·· 332
　2. 색깔 ·· 336
　3. 성질 · 정도 ·· 339
　■ 그림으로 배우는 단어 / 위치와 방향

19 일상생활 · 동작

　1. 동작 · 행위
　　(1) 기본 동작과 행위 ······························ 348
　　(2) 기타 동작과 행위 ······························ 360
　2. 일상생활
　　(1) 인사와 소개 ······································ 368
　　(2) 방문 · 초대 · 배웅 ···························· 370
　　(3) 감사 · 사과 · 축하 · 애도 ·············· 371
　　(4) 의뢰 · 허가 ······································ 374
　■ 그림으로 배우는 단어 / 일상 동작

부록

　의성어 · 의태어 ·· 377

발음편

1. 일본어의 문자
2. 오십음도
3. 발음과 표기법

발음편

일본어의 문자

1. 가나

가나는 일본의 고유문자로, 히라가나(ひらがな)와 가타카나(カタカナ)로 나뉜다. 히라가나는 한자의 초서체를 본떠서 간단하고 부드럽게 만든 문자이고, 가타카나는 한자의 자획 일부분을 따거나 한자의 획을 간단히 해서 만든 문자이다. 현대 일본어에서 히라가나는 인쇄·필기의 모든 경우에 사용되는 기본 문자이지만 가타카나는 사용하는 범위가 다소 제한되어 있다. 가타카나는 외래어와 외국의 고유명사에 주로 쓰이고, 경우에 따라서 의성어·의태어를 표기하거나 어떤 감정을 강조할 때도 사용한다.

2. 한자

우리나라에서 한자와 한글을 혼용하여 쓰고 있듯이, 일본에서도 한자와 일본 문자인 가나를 함께 쓰고 있다. 일본에서는 한자를 읽을 때 음독(音読), 훈독(訓読) 또는 음훈을 섞어서 읽는다. 음독은 한자를 일본어화한 음으로 읽는 법이고, 훈독은 한자의 뜻으로 읽는 법이다.

ex) 冬 → とう(음독), ふゆ(훈독)
　　東 → とう(음독), ひがし(훈독)

오십음도

히라가나와 가타카나를 발음체계에 따라 5단 10행으로 배열한 것을 오십음도(五十音図)라 부른다.

	ひらがな(히라가나)					カタカナ(가타카나)				
	아	이	우	에	오	아	이	우	에	오
あ행	あ	い	う	え	お	ア	イ	ウ	エ	オ
か행	か	き	く	け	こ	カ	キ	ク	ケ	コ
さ행	さ	し	す	せ	そ	サ	シ	ス	セ	ソ
た행	た	ち	つ	て	と	タ	チ	ツ	テ	ト
な행	な	に	ぬ	ね	の	ナ	ニ	ヌ	ネ	ノ
は행	は	ひ	ふ	へ	ほ	ハ	ヒ	フ	ヘ	ホ
ま행	ま	み	む	め	も	マ	ミ	ム	メ	モ
や행	や		ゆ		よ	ヤ		ユ		ヨ
ら행	ら	り	る	れ	ろ	ラ	リ	ル	レ	ロ
わ행	わ				を	ワ				ヲ
	ん					ン				

발음편

발음과 표기법

일본어인 가나는 모음(母音), 반모음(半母音), 자음(子音)으로 이루어져 있다. 이 세 가지를 다시 발음상으로 구분하면, 청음(淸音)·탁음(濁音)·반탁음(半濁音)·요음(拗音)·발음(撥音)·촉음(促音)·장음(長音) 등의 7가지로 나누어진다.

1. 모음

일본어의 모음은 「あ·い·う·え·お」의 다섯 글자로, 발음은 「아·이·우·에·오」와 비슷하다.

2. 반모음

반모음은 「や·ゆ·よ·わ」의 네 글자로, 발음은 우리말의 「야·유·요」와 비슷하다.

3. 자음

오십음도 중 모음과 반모음을 제외한 나머지는 모두 자음이며, 일본어에서 자음은 독립되어 쓰이지 않고 언제나 모음과 결합하여 소리가 난다. 즉, '자음+모음'의 형태로 쓰인다.

4. 발음상의 분류

(1) 청음

오십음도에 나오는 각 음절에 탁음이나 반탁음 기호를 붙이지 않은 글자를 청음이라고 한다.

ex) あ・か・さ・た・な・は・ま・や・ら・わ…

(2) 탁음

탁음은 청음 か・さ・た・は행의 글자에 탁음 부호 「˝」를 붙여서 탈음하는 것을 말한다. 이 발음들은 우리말로는 정확하게 표현할 수 없는 음으로, 영어의 g, z, d, b 음과 같이 발음하면 된다. 이 책에서는 편의상 「가・자・다・바」와 같이 표기했다.

ex) が・ざ・だ・ば

(3) 반탁음

청음의 다섯 자 は・ひ・ふ・へ・ほ 글자에 반탁음 부호인 「˚」가 붙은 음을 말한다. 이 다섯 글자는 단어의 첫머리에 오면 영어의 「p」음과 비슷하나, 단어의 중간이나 끝에 붙을 때에는 우리말의 「ㅃ」과 비슷하게 발음된다.

ex) ぱ・ぴ・ぷ・ぺ・ぽ

(4) 요음

요음이란 자음의 い행 단음에 반모음 や・ゆ・よ가 작은 글자로 붙어 한 음절로 발음되는 복합음을 말한다. 우리말로는 자음 「야・유・요」로 표기할 수 있다.

ex) きゃ・きゅ・きょ・しゃ・しゅ・しょ

발음편

(5) 발음

발음 ん은 콧소리로 다른 글자의 받침으로 쓰이나, 우리말과는 달리 하나의 음절의 길이를 갖는다. ん은 그 다음에 오는 자음의 발음에 따라「ㄴ・ㅁ・ㅇ」으로 발음된다.

ex) しんせつ → 신세쯔   しんぶん → 심붕   げんき → 겡끼

(6) 촉음

つ를 작게 써서 표시하며 우리말의 받침과 같이 사용한다. 주로「ㅅ」으로 발음되나 다음에 오는 자음의 발음에 따라「ㅂ・ㄱ」등으로 조금씩 다르게 발음되기도 한다.

ex) ざっし → 잣시   きっぷ → 킵뿌   がっこう → 각꼬-

(7) 장음

한 음절분의 길이를 가지고 길게 발음하는 것을 장음이라 한다. あ단 다음에는 あ, い단 다음에는 い, う단 다음에는 う, え단 다음에는 え・い, お단 다음에는 お・う가 붙는 것이 원칙이다.

ex) おかあさん → 오카-상   おじいさん → 오지-상

　　くうき → 쿠-키   　　　せいと → 세-토

　　ばんごう → 방고-

대명사 · 접속사 · 부사

1. 문장성분 · 대명사
   (1) 문장성분
   (2) 사람 · 대명사
2. 부사 · 접속사
   (1) 부사
   (2) 접속사
   (3) 기타

1. 문장성분 · 대명사

(1) 문장성분

명사	名詞 (めいし)	메-시
대명사	代名詞 (だいめいし)	다이메-시
수사	数詞 (すうし)	스-시
동사	動詞 (どうし)	도-시
형용사	形容詞 (けいようし)	케-요-시
형용동사	形容動詞 (けいようどうし)	케-요-도-시
부사	副詞 (ふくし)	후쿠시
조사	助詞 (じょし)	죠시
연체사	連体詞 (れんたいし)	렌타이시
접속사	接続詞 (せつぞくし)	세쯔조꾸시
감동사	感動詞 (かんどうし)	칸도-시

| 조동사 | 助動詞 (じょどうし) | 조도-시 |

(2) 사람 · 대명사

나(남성어)	僕 (ぼく)	보쿠
	俺 (おれ)	오레
나	私 (わたし)	와따시
자기, 자신	自分 (じぶん)	지붕
당신	あなた	아나따
너	君 (きみ)	키미
너, 자네, 너놈	貴様 (きさま)	키사마
그	彼 (かれ)	카레
그녀	彼女 (かのじょ)	카노죠
우리들	私たち (わたし)	와따시타찌
어느 분	どなた	도나타
여러분	皆様 (みなさま)	미나사마

19

(1) 문장성분 · 대명사

누구	誰 (だれ)	다레
많은 사람, 여럿	大勢 (おおぜい)	오오제이
여기	ここ	고꼬
거기	そこ	소꼬
저기	あそこ	아소꼬
어디	どこ	도꼬
이것	これ	코레
그것	それ	소레
저것	あれ	아레
어느 것	どれ	도레
무엇	何 (なに)	나니
이것저것	あれこれ	아레코레
이	この	고노
그	その	소노

20

저	あの	아노
어느	どの	도노
이런	こんな	콘나
그런	そんな	손나
저런	あんな	안나
어떤	どんな	돈나
어느 정도	どのくらい	도노쿠라이
이 정도	これほど	고레호도

2. 부사 · 접속사

(1) 부사

가능한 한, 되도록	なるべく	나루베꾸
가만히, 지그시	じっと	짓또
가장	一番(いちばん)	이찌방
거의, 대부분	ほとんど	호톤도
겨우, 간신히	やっと	얏또
겨우, 가까스로	ようやく	요-야꾸
겨우, 단지	たった	탓따
공교롭게도, 마침	あいにく	아이니꾸
과연, 역시	さすが	사쓰가
그만큼, 그토록	それほど	소레호도
그리, 그다지, 별로	あまり	아마리

무심코, 그만	つい	쯔이
반드시, 꼭	どうしても	도-시떼모
꼭, 반드시	きっと	킷또
꼭, 마치	ちょうど	쵸-도
상당히, 퍽	だいぶ	다이부
꽤, 제법	かなり	카나리
끈적끈적	べたべた	베타베타
늦어도	遅くとも	오소꾸토모
다시, 재차	再び	후타타비
다음에, 뒤이어	次に	쯔기니
다행히	幸いに	사이와이니
단지, 그저	ただ	타다
대개, 대략	大抵, 大概	타이테이, 타이가이
더욱, 한층	もっと	못또

(2) 부사·접속사

도리어, 오히려	かえって	카엣떼
도저히	とうてい	토-테이
돌연, 갑자기	突然(とつぜん)	토쯔젠
드디어, 결국	とうとう	토-토-
똑바로, 정직함	まっすぐ	맛스구
마치, 꼭	まるで	마루데
많음, 충분함	たくさん	닥상
머지않아, 이윽고	やがて	야가테
모두, 모조리	すべて	스베떼
여러 가지, 갖가지	色々(いろいろ)と	이로이로토
모처럼, 일부러	せっかく	섹카꾸
몹시, 무척, 대단히	たいへん	타이헹
매우, 대단히	とても	토떼모
몽땅, 죄다	すっかり	슥까리

무럭무럭, 쭉쭉	伸び伸び	노비노비
물론	もちろん	모찌롱
미리, 사전에	前もって	마에못떼
반드시 ~은 아니다	かならずしも	카나라즈시모
벌써, 이미	既に	스데니
별로, 특별히	別に	베쯔니
비교적, 생각외로	わりあい	와리아이
빈틈없이, 착실하게	ちゃんと	챤또
확고히, 견고하게	しっかり	식까리
확실히, 분명히	はっきり	학끼리
살짝, 몰래	そっと	솟또
남몰래, 살짝	こっそり	콧쏘리
상당히, 매우	なかなか	나카나카
몹시, 대단히	ずいぶん	즈이붕

(2) 부사 · 접속사

서로	お互^{たが}いに	오타가이니
설마	まさか	마사카
슬슬, 이제 곧	そろそろ	소로소로
실로, 정말로	実^{じっ}に	지쯔니
생긋, 방긋	にっこり	닉꼬리
쏙 빼닮은, 모조리	そっくり	속쿠리
아마, 어쩌면	おそらく	오소라꾸
아마, 대개, 거의	たぶん	타붕
꼭, 반드시	ぜひ	제히
어지간히, 무척	よほど	요호도
어쨌든, 여하튼	とにかく	토니카꾸
어쨌든, 하여튼	なにしろ	나니시로
어쩌면, 혹시	ひょっとしたら	홋또시따라
억지로, 강제로	無理^むやりに	무리야리니

얼마 만큼, 얼마나	どれほど	도레호도
여전히, 변함없이	相変(あいかわ)らず	아이카와라즈
역시, 과연	やっぱり	얍빠리
예를 들면	たとえば	타또에바
왜, 어째서	どうして	도-시떼
우선, 맨 먼저	まず	마즈
원래, 본디	もともと	모또모또
이대로	このまま	고노마마
이미, 벌써, 더	もう	모-
이윽고, 머지않아	まもなく	마모나꾸
이제 와서, 새삼스레	いまさら	이마사라
일부러, 고의로	わざわざ	와자와자
일순간, 순간	一瞬(いっしゅん)	잇슝
저절로, 자연히	ひとりでに	히토리데니

(2) 부사・접속사

적어도, 최소한	すくなくとも	스꾸나쿠토모
전부, 모조리	全部(ぜんぶ)	젬부
모두, 모조리	すべて	스베떼
전혀, 전연	まったく	맛타꾸
전혀, 조금도	全然(ぜんぜん)	젠젠
절대로, 결코	けっして	켓시떼
조금도	ちっとも	칫또모
조금도, 전혀	少(すこ)しも	스코시모
결단코, 결코	絶対(ぜったい)に	젯따이니
더욱 더, 점점 더	ますます	마쓰마쓰
점점, 차츰	だんだん	단단
제각기, 각자	それぞれ	소레조레
조금, 좀, 약간	少(すこ)し	스코시
좀더, 더욱, 한층	もっと	못또

완전히, 매우, 아주	すっかり	슥까리
주로, 대부분	主(おも)に	오모니
직접	直接(ちょくせつ)	쵸꾸세쯔
진정으로, 진심으로	心(こころ)から	코코로까라
천천히, 느긋하게	ゆっくり	육꾸리
특별히, 특히	ことに	코토니
튼실한 모양	がっしり	갓시리
한층 더, 더욱	いっそう	잇소-
혹시	もし	모시
되도록, 가능한한	なるべく	나루베꾸
훨씬	ずっと	줏또
힘껏, 열심히	精一杯(せいいっぱい)	세-입빠이
정말로	まことに	마코토니
이것뿐	これっきり	코렉끼리

29

(2) 부사 · 접속사

(2) 접속사

게다가	その上(うえ)	소노우에
그래서	それで	소레데
그리고	そして	소시떼
그러나, 하지만	しかし	시카시
그런데, 그러나	ところが	토코로가
그럼	それじゃ	소레쟈
그럼	それでは	소레데와
그렇다면, 그러면	それなら	소레나라
그리고, 그 다음에	それから	소레까라
따라서, 그러므로	従(したが)って	시타갓떼
왜냐하면	なぜならば	나제나라바
혹은	あるいは	아루이와
또는, 혹은	または	마타와

30

또는, 그렇지 않으면	もしくは	모시쿠와
그렇지 않으면	それとも	소레또모
그런데도, 게다가	それに	소레니
그 위에, 게다가	おまけに	오마케니
그러니까, 그래서	だから	다카라
다음에, 뒤이어	次に	쯔기니

(3) 기타

그렇다 치면	それにしては	소레니시떼와
그렇지만	けれども	케레도모
~면서	ながら	나가라
가능한 한	できるだけ	데끼루다케
아랑곳하지 않고	構わずに	카마와즈니
~덕분에	お陰様で	오카게사마데
~중에는	中には	나까니와

(2) 부사・접속사

대부분	大(だい)部(ぶ)分(ぶん)	다이부붕
온갖, 모든	あらゆる	아라유루
보자마자	見(み)るや否(いな)や	미루야 이나야
비로소	始(はじ)めて	하지메떼
약속대로	約(やく)束(そく)通(どお)り	약소꾸도오리
어떻게 하면	何(なん)とかすれば	난토까스레바
열심히	一(いっ)生(しょう)懸(けん)命(めい)に	잇쇼-켐메-니
~임에도 불구하고	にもかかわらず	니모카카와라즈
어쩔 수 없다	やむを得(え)ない	야무오에나이
한가운데	真(ま)ん中(なか)	만나카
함께, 같이	一(いっ)緒(しょ)に	잇쇼니

2

수 · 날짜 · 시간

1. 숫자 · 수사
   (1) 숫자 세기
   (2) 주요 양사
   (3) 계산하기
2. 날짜와 시간
   (1) 날짜 · 요일
   (2) 시간
   (3) 때를 나타내는 말
3. 주요명절 · 기념일
   (1) 연중행사
   (2) 공휴일

japanese

1. 숫자 · 수사

(1) 숫자 세기

1, 일	一 (いち)	이찌
2, 이	二 (に)	니
3, 삼	三 (さん)	상
4, 사	四, 四 (し, よん)	시, 용
5, 오	五 (ご)	고
6, 육	六 (ろく)	로꾸
7, 칠	七, 七 (しち, なな)	시찌, 나나
8, 팔	八 (はち)	하찌
9, 구	九, 九 (く, きゅう)	쿠, 큐-
10, 십	十 (じゅう)	쥬-
11, 십일	十一 (じゅういち)	쥬-이찌

12, 십이	十二 (じゅうに)	쥬-니
13, 십삼	十三 (じゅうさん)	쥬-상
14, 십사	十四 (じゅうよん)	쥬-용
15, 십오	十五 (じゅうご)	쥬-고
16, 십육	十六 (じゅうろく)	쥬-로꾸
17, 십칠	十七 (じゅうなな)	쥬-나나
18, 십팔	十八 (じゅうはち)	쥬-하찌
19, 십구	十九 (じゅうく), 十九 (じゅうきゅう)	쥬-쿠, 쥬-큐-
20, 이십	二十 (にじゅう)	니쥬-
30, 삼십	三十 (さんじゅう)	산쥬-
40, 사십	四十 (よんじゅう)	욘쥬-
50, 오십	五十 (ごじゅう)	고쥬-
60, 육십	六十 (ろくじゅう)	로꾸쥬-
70, 칠십	七十 (ななじゅう)	나나쥬-

(1) 숫자 · 수사

80, 팔십	八十 (はちじゅう)	하찌쥬-
90, 구십	九十 (きゅうじゅう)	큐-쥬-
100, 백	百 (ひゃく)	햐꾸
200, 이백	二百 (にひゃく)	니햐꾸
300, 삼백	三百 (さんびゃく)	삼뱌꾸
400, 사백	四百 (よんひゃく)	용햐꾸
500, 오백	五百 (ごひゃく)	고햐꾸
600, 육백	六百 (ろっぴゃく)	롭뺘꾸
700, 칠백	七百 (ななひゃく)	나나햐꾸
800, 팔백	八百 (はっぴゃく)	합뺘꾸
900, 구백	九百 (きゅうひゃく)	큐-햐꾸
1000, 천	千 (せん)	셍
10000, 만	一万 (いちまん)	이찌망
하나	一つ (ひと)	히토쯔

둘	二つ (ふた)	후타쯔
셋	三つ (みっ)	밋쯔
넷	四つ (よっ)	욧쯔
다섯	五つ (いつ)	이쯔쯔
여섯	六つ (むっ)	뭇쯔
일곱	七つ (なな)	나나쯔
여덟	八つ (やっ)	얏쯔
아홉	九つ (ここの)	코꼬노쯔
열	十 (とお)	토오

(2) 주요 양사

몇 개, 얼마	いくつ	이쿠쯔
첫번째(순서)	一番 (いちばん)	이찌방
두 번째	二番 (にばん)	니방
세 번째	三番 (さんばん)	삼방

(1) 숫자·수사

열 번째	十番 (じゅうばん)	쥬-방
한번(빈도)	一度, 一回 (いちど, いっかい)	이치도, 익까이
두 번	二回 (にかい)	니까이
세 번	三回 (さんかい)	상까이
네 번	四回 (よんかい)	용까이
열 번	十回 (じゅっかい)	줏까이
한 명	一人 (ひとり)	히토리
두 명	二人 (ふたり)	후따리
세 명	三人 (さんにん)	산닝
네 명	四人 (よにん)	요닝
열 명	十人 (じゅうにん)	쥬-닝
한 자루(길쭉한 것)	一本 (いっぽん)	입뽕
두 자루	二本 (にほん)	니홍
세 자루	三本 (さんぼん)	삼봉

열 자루	十本 (じゅっぽん)	쥬뽕
한 잔(음료수)	一杯 (いっぱい)	입빠이
두 잔	二杯 (にはい)	니하이
세 잔	三杯 (さんばい)	삼바이
네 잔	四杯 (よんはい)	용하이
열 잔	十杯 (じゅっぱい)	쥬빠이
한 장(종이 같은 것)	一枚 (いちまい)	이찌마이
두 장	二枚 (にまい)	니마이
세 장	三枚 (さんまい)	삼마이
열 장	十枚 (じゅうまい)	쥬-마이
~개(작은 것)	~個 (こ)	~코
~권(책을 세는 말)	~冊 (さつ)	~사쯔
~대	~台 (だい)	~다이
~살(나이)	~才 (さい)	~사이

(1) 숫자·수사

~위(서열)	~位	~이
~채(집이나 건물)	~軒	~켕
~층(건물의 층수)	~階	~카이
~켤레(신발 등)	~足	~소꾸

(3) 계산하기

수, 숫자	数	카즈
덧셈	足し算	타시장
뺄셈	引き算	히끼장
곱셈	掛け算	카께장
나눗셈	割り算	와리장
6에 3을 더하다	六に三を足す	로꾸니 상오 타스
6에서 3을 빼다	六から三を引く	로꾸까라 상오 히꾸
6에 3을 곱하다	六に三を掛ける	로꾸니 상오 카케루
6을 3으로 나누다	六を三で割る	로꾸오 산데 와루

2. 날짜와 시간

(1) 날짜 · 요일

서력, 서기	西暦(せいれき)	세이레끼
재작년	おととし	오토토시
작년	去年(きょねん)	쿄넨
금년	今年(ことし)	코토시
내년	来年(らいねん)	라이넨
내후년	再来年(さらいねん)	사라이넨
반 년	半年(はんとし)	한토시
매년	毎年(まいねん), 毎年(まいとし)	마이넨, 마이토시
월	月(げつ)	게쯔
상순	上旬(じょうじゅん)	죠-쥰
중순	中旬(ちゅうじゅん)	츄-쥰

(2) 날짜와 시간

하순	<ruby>下旬<rt>げじゅん</rt></ruby>	게쥰
지지난달	<ruby>先々月<rt>せんせんげつ</rt></ruby>	센셍게쯔
지난달	<ruby>先月<rt>せんげつ</rt></ruby>	셍게쯔
이번달	<ruby>今月<rt>こんげつ</rt></ruby>	콩게쯔
다음달	<ruby>来月<rt>らいげつ</rt></ruby>	라이게쯔
다다음달	<ruby>再来月<rt>さらいげつ</rt></ruby>	사라이게쯔
매월	<ruby>毎月<rt>まいげつ</rt></ruby>, <ruby>毎月<rt>まいつき</rt></ruby>	마이게쯔, 마이쯔키
1개월	<ruby>一ヵ月<rt>いっげつ</rt></ruby>	익카게쯔
몇개월	<ruby>何ヵ月<rt>なんげつ</rt></ruby>	낭카게쯔
1월	<ruby>一月<rt>いちがつ</rt></ruby>	이찌가쯔
2월	<ruby>二月<rt>にがつ</rt></ruby>	니가쯔
3월	<ruby>三月<rt>さんがつ</rt></ruby>	상가쯔
4월	<ruby>四月<rt>しがつ</rt></ruby>	시가쯔
5월	<ruby>五月<rt>ごがつ</rt></ruby>	고가쯔

6월	六月 (ろくがつ)	로꾸가쯔
7월	七月 (しちがつ)	시찌가쯔
8월	八月 (はちがつ)	하찌가쯔
9월	九月 (くがつ)	쿠가쯔
10월	十月 (じゅうがつ)	쥬-가쯔
11월	十一月 (じゅういちがつ)	쥬-이찌가쯔
12월	十二月 (じゅうにがつ)	쥬-니가쯔
월요일	月曜日 (げつようび)	게쯔요-비
화요일	火曜日 (かようび)	카요-비
수요일	水曜日 (すいようび)	스이요-비
목요일	木曜日 (もくようび)	모꾸요-비
금요일	金曜日 (きんようび)	킹요-비
토요일	土曜日 (どようび)	도요-비
일요일	日曜日 (にちようび)	니찌요-비

(2) 날짜와 시간

지지난주	先々週 (せんせんしゅう)	센센슈-
지난주	先週 (せんしゅう)	센슈-
이번주	今週 (こんしゅう)	콘슈-
다음주	来週 (らいしゅう)	라이슈-
다다음주	再来週 (さらいしゅう)	사라이슈-
주말	週末 (しゅうまつ)	슈-마쯔
매주	毎週 (まいしゅう)	마이슈-
몇 월	何月 (なんがつ)	낭가쯔
며칠	何日 (なんにち)	난니찌
날	日 (にち)	니찌
날짜	日付 (ひづけ)	히즈께
그끄저께	さきおととい	사키오토또이
그저께	おととい	오토또이
어제	昨日 (きのう)	키노-

44

오늘	今日(きょう)	쿄-
내일	明日(あした)	아시따
모레	あさって	아삿떼
글피	しあさって	시아삿떼
초하루	ついたち	쯔이타찌
1일	1日(いちにち)	이찌니찌
2일	2日(ふつか)	후츠까
3일	3日(みっか)	믹까
4일	4日(よっか)	욕까
5일	5日(いつか)	이츠까
6일	6日(むいか)	무이까
7일	7日(なのか)	나노까
8일	8日(ようか)	요-까
9일	9日(ここのか)	코코노까

(2) 날짜와 시간

10일	とおか 10日	토오카
11일	じゅういちにち 11日	쥬-이찌니찌
12일	じゅうににち 12日	쥬-니니찌
13일	じゅうさんにち 13日	쥬-산니찌
14일	じゅうよっか 14日	쥬-욕까
15일	じゅうごにち 15日	쥬-고니찌
16일	じゅうろくにち 16日	쥬-로꾸니찌
17일	じゅうしちにち 17日	쥬-시찌니찌
18일	じゅうはちにち 18日	쥬-하찌니찌
19일	じゅうくにち 19日	쥬-쿠니찌
20일	はつか 20日	하쯔까
21일	にじゅういちにち 21日	니쥬-이찌니찌
22일	にじゅうににち 22日	니쥬-니니찌
23일	にじゅうさんにち 23日	니쥬-산니찌

24일	^{にじゅうよっか} 24日	니쥬-욕까
25일	^{にじゅうごにち} 25日	니쥬-고니찌
26일	^{にじゅうろくにち} 26日	니쥬-로꾸니찌
27일	^{にじゅうしちにち} 27日	니쥬-시치니찌
28일	^{にじゅうはちにち} 28日	니쥬-하찌니찌
29일	^{にじゅうくにち} 29日	니쥬-쿠니찌
30일	^{さんじゅうにち} 30日	산쥬-니찌
31일	^{さんじゅういちにち} 31日	산쥬-이치니찌

(2) 시간

시	^じ 時	지
시간	^{じかん} 時間	지깡
1시	^{いちじ} 一時	이찌지
2시	^{にじ} 二時	니지
3시	^{さんじ} 三時	산지

(2) 날짜와 시간

4시	四<ruby>時</ruby> よじ	요지
5시	五時 ごじ	고지
6시	六時 ろくじ	로꾸지
7시	七時 しちじ	시찌지
8시	八時 はちじ	하찌지
9시	九時 くじ	쿠지
10시	十時 じゅうじ	쥬-지
11시	十一時 じゅういちじ	쥬-이찌지
12시	十二時 じゅうにじ	쥬-니지
몇 시	何時 なんじ	난지
정각	ちょうど	쵸-도
분	分 ふん	훙
1분	一分 いっぷん	입뿡
2분	二分 にふん	니훙

3분	三分 さんぷん	삼뿡
4분	四分 よんぷん	욤뿡
5분	五分 ごふん	고훙
6분	六分 ろっぷん	롭뿡
7분	七分 ななふん	나나훙
8분	八分 はっぷん	합뿡
9분	九分 きゅうふん	큐-훙
10분	十分 じゅっぷん	즙뿡
15분	十五分 じゅうごふん	쥬-고훙
반, 30분	半, 三十分 はん, さんじゅっぷん	항, 산즙뿡
60분	六十分 ろくじゅっぷん	로꾸즙뿡
9시 5분 전	九時五分前 くじごふんまえ	쿠지 고훔마에
몇 분	何分 なんぷん	남뿡
초	秒 びょう	뵤-

(2) 날짜와 시간

(3) 때를 나타내는 말

오전	午前 (ごぜん)	고젠
오후	午後 (ごご)	고고
아침	朝 (あさ)	아사
오늘 아침	今朝 (けさ)	케사
낮	昼 (ひる)	히루
주간, 낮 동안	昼間 (ひるま)	히루마
저녁	夕方 (ゆうがた)	유-가타
저녁 무렵	日暮れ (ひぐれ)	히구레
밤	夜 (よる)	요루
밤새	一晩中 (ひとばんじゅう)	히토반쥬-
한밤중	夜中 (よなか)	요나카
어제 저녁, 어젯밤	昨夜 (ゆうべ), さくや	유-베, 사쿠야
야간	夜間 (やかん)	야깡

50

새벽	夜明け (よあけ)	요아케
새벽녘	明け方 (あけがた)	아케가타
오늘밤	今晩 (こんばん)	콤방
매일밤	毎晩 (まいばん)	마이방
매일	毎日 (まいにち)	마이니찌
지금	今 (いま)	이마
언제나, 항상	いつも	이쯔모
항상	常に (つねに)	쯔네니
가끔	たまに	타마니
때때로	時々 (ときどき)	토끼도끼
최근	最近 (さいきん)	사이킹
요즘, 요며칠	このごろ	코노고로
요즈음, 최근, 근래	ちかごろ	치카고로
오래간만	久しぶり (ひさしぶり)	히사시부리

(2) 날짜와 시간

그동안	その間(あいだ)	소노 아이다
나중에	あとで, 後程(のちほど)	아또데, 노치호도
아까	さっき	삭키
아직, 여태까지	まだ	마다
아직, 아직도	まだまだ	마다마다
아직껏	今(いま)だに	이마다니
어느새	いつのまにか	이쯔노마니카
언제	いつ	이쯔
언젠가	いつか	이쯔카
언제쯤	いつごろ	이쯔고로
언제까지라도	いつまでも	이쯔마데모
언제라도	いつでも	이쯔데모
하루걸러	一日(いちにち)おきに	이치니찌오키니
이전	以前(いぜん)	이젠

52

이후	以後(いご)	이고
일전에	この間(あいだ)	코노 아이다
자꾸자꾸	何度(なんど)も何度(なんど)も	난도모난도모
자주, 종종	しばしば, たびたび	시바시바, 타비타비
잠깐	ちょっと	춋또
잠깐, 당분간	しばらく	시바라꾸
오랫동안, 쭉	ずっと	즛또
즉시	さっそく	삿소꾸
지금까지, 이제까지	これまで	고레마데
지금까지	いままで	이마마데
이제부터, 지금부터	これから	고레까라
처음어	始(はじ)めに	하지메니
최초	最初(さいしょ)	사이쇼
최후	最後(さいご)	사이고

(2) 날짜와 시간

겨를, 짬	隙 (すき)	스끼
가장 먼저	一番先に (いちばんさきに)	이치반사끼니
갑자기	急に (きゅうに)	큐-니
갑자기, 느닷없이	いきなり	이키나리
곧	すぐ	스구
평소	ふだん	후당
평일	平日 (へいじつ)	헤이지쯔
휴일	休日 (きゅうじつ)	큐-지쯔
주말	週末 (しゅうまつ)	슈-마쯔

3. 주요명절, 기념일

(1) 연중행사

연중행사	年中行事 (ねんちゅうぎょうじ)	넨쥬ー교ー지
설날	元旦 (がんたん)	간땅
정월	お正月 (しょうがつ)	오쇼ー가쯔
절분	節分 (せつぶん)	세쯔분
춘분	春分 (しゅんぶん)	슘분
히나마쯔리	ひな祭り (まつ)	히나마쯔리
단오	端午 (たんご)	탄고
칠석	七夕 (たなばた)	타나바타
백중맞이(추석)	お盆 (ぼん)	오봉
추분	秋分 (しゅうぶん)	슈ー분
시치고산	七五三 (しちごさん)	시찌고산

제2장 수・날짜・시간

55

(2) 공휴일

성인의 날	成人の日	세-진노 히
건국기념일	建国記念の日	켕코꾸키넨노 히
춘분의 날	春分の日	슘분노 히
녹색의 날	みどりの日	미도리노 히
헌법 기념일	憲法記念日	켐뽀-키넴비
어린이날	子供の日	코도모노 히
바다의 날	海の日	우미노 히
경로의 날	敬老の日	케-로-노 히
추분의 날	秋分の日	슈-분노 히
체육의 날	体育の日	타이이꾸노 히
문화의 날	文化の日	붕까노 히
근로감사의 날	勤労感謝の日	킨로-칸샤노 히
천황탄생일	天皇誕生の日	텐노-탄죠-노 히

3

가족관계 · 주위사람

1. 가족과 친척
2. 인간관계 · 주위사람

1. 가족과 친척

가족	家族 (かぞく)	카조꾸
양친	両親 (りょうしん)	료-신
부모	親 (おや)	오야
부모와 자식	親子 (おやこ)	오야꼬
할아버지	おじいさん	오지-상
조부, 할아버지	祖父 (そふ)	소후
할머니	おばあさん	오바-상
조모, 할머니	祖母 (そぼ)	소보
아버지	お父さん (とう)	오토-상
아버지	父 (ちち)	치찌
어머니	お母さん (かあ)	오카-상
어머니	母 (はは)	하하

누나 · 언니	姉(あね)	아네
형 · 오빠	兄(あに)	아니
(남의) 누나 · 언니	お姉(ねえ)さん	오네-상
(남의) 형 · 오빠	お兄(にい)さん	오니-상
여동생	妹(いもうと)	이모-또
남동생	弟(おとうと)	오토-또
부부	夫婦(ふうふ)	후-후
남편	夫(おっと)	옷또
(남의) 남편	ご主人(しゅじん)	고슈징
아내	妻(つま)	쯔마
아내, 집사람	家内(かない)	카나이
(남의) 아내	奥(おく)さん	오쿠상
따님	娘(むすめ)さん	무쓰메상
딸	娘(むすめ)	무쓰메

제3장 가족관계 · 주위사람

59

(1) 가족과 친척

아드님	息子さん (むすこ)	무쓰코상
아들	息子 (むすこ)	무쓰코
손녀	孫娘 (まごむすめ)	마고무쓰메
손자	孫 (まご)	마고
아기	赤ちゃん (あか)	아카짱
아이	子供 (こども)	코도모
자매	姉妹 (しまい)	시마이
형제	兄弟 (きょうだい)	쿄-다이
장남	長男 (ちょうなん)	쵸-난
장녀	長女 (ちょうじょ)	쵸-죠
차남	次男 (じなん)	지난
차녀	次女 (じじょ)	지죠
막내	末っ子 (すえこ)	스엑꼬
외동	一人っ子 (ひとりこ)	히토릭꼬

친척	親戚(しんせき)	신세끼
사촌	いとこ	이토코
여조카	姪(めい)	메이
남조카	甥(おい)	오이
이모, 고모	伯母(おば)	오바
이모부, 고모부	伯父(おじ)	오지

2. 인간관계 · 주위사람

사람	人 (ひと)	히토
아저씨	おじさん	오지상
아주머니	おばさん	오바상
노인, 연장자	年寄り (としより)	토시요리
연상	年上 (としうえ)	토시우에
손아래, 연하	年下 (としした)	토시시타
선배	先輩 (せんぱい)	셈빠이
후배	後輩 (こうはい)	코-하이
손아랫사람	目下 (めした)	메시따
손윗사람	目上 (めうえ)	메우에
자제분	お子さん (おこさん)	오코상
젊은이	若者 (わかもの)	와카모노

청년	青年(せいねん)	세-넨
친구	友達(ともだち)	토모다찌
친우, 친구	親友(しんゆう)	싱유-
동료	同僚(どうりょう)	도-료-
아는 사람	知(し)り合(あ)い	시리아이
남자친구	彼氏(かれし)	카레시
그녀, 여자친구	彼女(かのじょ)	카노죠
남자	男(おとこ)	오토꼬
여자	女(おんな)	온나
남녀	男女(だんじょ)	단죠
아가씨, 따님	お嬢様(じょうさま)	오죠-사마
아드님, 도련님	お坊(ぼっ)ちゃん	오봇쨩

제3장 가족관계·주위사람

그림으로 배우는 단어 *가족관계*

4

사람

1. 신체와 생리
   (1) 신체
   (2) 내장기관
   (3) 생리현상

2. 성격 · 심리
   (1) 외모 · 성격
   (2) 심리 · 느낌 · 상태

japanese

1. 신체와 생리

(1) 신체

몸	体	카라다
머리	頭	아타마
머리카락	髪	카미
얼굴	顔	카오
이마	額, おでこ	히타이, 오데코
미간	眉間	미켄
눈	目	메
눈꺼풀	まぶた	마부타
눈동자	瞳	히토미
눈썹	眉	마유
속눈썹	まつげ	마쯔게

안구	目玉 (めだま)	메다마
코	鼻 (はな)	하나
입	口 (くち)	쿠찌
입술	唇 (くちびる)	쿠찌비루
이, 치아	歯 (は)	하
혀	舌 (した)	시타
인중	人中 (にんちゅう)	닌츄-
볼	頬 (ほお)	호오
뺨	ほっぺた	홉페타
턱	顎 (あご)	아고
귀	耳 (みみ)	미미
귓불	耳たぶ (みみたぶ)	미미타부
목	首 (くび)	쿠비
목덜미	項 (うなじ)	우나지

(1) 신체와 생리

목구멍	喉 (のど)	노도
어깨	肩 (かた)	카따
가슴	胸 (むね)	무네
겨드랑이, 옆구리	脇 (わき)	와키
팔	腕 (うで)	우데
등	背中 (せなか)	세나카
허리	腰 (こし)	코시
배, 복부	腹 (はら)	하라
배	おなか	오나카
배꼽	臍 (へそ)	헤소
엉덩이	お尻 (しり)	오시리
다리, 발	足 (あし)	아시
허벅지	股 (もも)	모모
무릎	膝 (ひざ)	히자

발목	足首 (あしくび)	아시쿠비
발바닥	足の裏 (あしのうら)	아시노우라
발끝	爪先 (つまさき)	쯔마사키
손	手 (て)	테
손가락, 발가락	指 (ゆび)	유비
엄지손가락	親指 (おやゆび)	오야유비
집게손가락	人さし指 (ひとさしゆび)	히토사시유비
중지	中指 (なかゆび)	나카유비
약지	薬指 (くすりゆび)	쿠스리유비
새끼손가락	小指 (こゆび)	코유비
손목, 팔목	手首 (てくび)	테쿠비
손바닥	手のひら (て)	테노히라
손톱, 발톱	爪 (つめ)	쯔메
피부	皮膚, 肌 (ひふ, はだ)	히후, 하다

(1) 신체와 생리

침	唾 （つば）	쯔바
털	毛 （け）	케

(2) 내장기관

뇌	脳 （のう）	노-
위	胃 （い）	이
폐	肺 （はい）	하이
간	肝 （きも）	키모
장	腸 （ちょう）	쵸-
심장	心臓 （しんぞう）	신조-
뼈	骨 （ほね）	호네
혈관	血管 （けっかん）	켁캉
피	血 （ち）	치

(3) 생리현상

여드름	にきび	니키비

종기, 뾰루지	できもの	데키모노
주근깨	そばかす	소바카스
주름	しわ	시와
기미, 검버섯	しみ	시미
안색	顔色	카오이로
하품	あくび	아쿠비
땀을 흘리다	汗をかく	아세오 카꾸
땀이 나다	汗ばむ	아세바무
코를 골다	いびきをかく	이비키오 카꾸
방귀	おなら, 屁	오나라, 헤
소변	小便	쇼-벤
쉬, 오줌	おしっこ	오싯꼬
화장실에 가다	トイレに行く	트이레니 이꾸
눈물이 나다	涙が出る	나미다가 데루

제4장 사람

71

2. 성격 · 심리

(1) 외모 · 성격

모습, 자태	姿	스가타
보조개	えくぼ	에쿠보
금발	金髪	킴파쯔
백발	白髪	시라가
콧수염	口ひげ	쿠찌히게
턱수염	顎ひげ	아고히게
대머리	はげ	하게
뚱보	でぶ	데부
비만	肥満	히망
살찌다	太る	후토루
여위다, 마르다	痩せる	야세루

키	背	세
키가 작다	背が低い	세-가 히꾸이
키가 크다	背が高い	세-가 타카이
피부가 깨끗하다	肌がきれいだ	하다가 키레이다
햇볕에 탐	日焼け	히야케
근사하다	格好良い	각꼬-이이
깔끔한	きちんとした	키친또시따
말쑥한	すっきりした	슥끼리시따
멋, 멋쟁이	おしゃれ	오샤레
멋지다, 매력있다	素敵だ	스테키다
세련된	洗練された	센렌사레따
귀엽다	可愛い	카와이이
섹시	セクシー	세꾸시-
미인	美人	비징

(2) 성격 · 심리

성격	性格(せいかく)	세이카꾸
복잡한	複雑な(ふくざつな)	후쿠자쯔나
품위없는	下品な(げひんな)	게힌나
지적인	知的な(ちてきな)	치떼키나
바보같은	ばかな	바카나
용기있는	勇気のある(ゆうきのある)	유우키노 아루
겁쟁이	臆病な(おくびょうな)	오쿠뵤-나
구두쇠	けち	케치
거짓말쟁이	嘘つき(うそつき)	우소쯔키
정직한, 순진한	素直(すなお)	스나오
솔직함	正直(しょうじき)	쇼-지키
이기주의자	利己主義者(りこしゅぎしゃ)	리코슈기샤
외향적	外向的(がいこうてき)	가이코-테키
부지런한	働き者(はたらきもの)	하타라키모노

게으름뱅이	怠け者	나마케모노
건방짐	生意気	나마이키
고집불통	意地っ張り	이집빠리
제멋대로다	勝手だ	캇떼다
버릇없음	我がまま	와가마마
낙천적이다	のんきだ	농키다
(분위기 등이) 밝다	明るい	아카루이
명랑하다	明朗だ	메-로-다
부끄럼을 타는 사람	恥ずかしがりや	하즈카시가리야
성실하다	真面目だ	마지메다
불성실하다	不真面目だ	후마지메다
상냥하다	優しい	야사시이
성급하다	気が短い	키가 미지까이
신중하다	慎重だ	신쵸-다

(2) 성격·심리

소극적이다	消極的だ	쇼-쿄꾸테키다
적극적이다	積極的だ	섹쿄꾸테키다
조용하다	静かだ	시즈카다
활달하다	活発だ	캅빠쯔다
친절하다	親切だ	신세쯔다
뻔뻔스럽다	ずうずうしい	즈-즈-시이
신중하다	用心深い	요-짐부카이
얌전하다	おとなしい	오토나시이
주의깊다	注意深い	츄-이부카이
욕심쟁이	欲張り	요쿠바리
이상한 사람	変な人	헨나 히토
바람둥이	浮気者	우와키모노
술을 못 하는 사람	下戸	게코
거짓말쟁이	嘘つき	우소쯔키

(2) 심리 · 느낌 · 상태

질투하다	焼餅を焼く	야키모찌오 야꾸
짜증이 나다	いらいらする	이라이라쓰루
참다	我慢する	가만쓰루
참을 수 없다	たまらない	타마라나이
침착하다	落ち着く	오치쯔쿠
좋아하다	好きだ	스키다
즐겁다	楽しい	타노시이
행복하다	幸福だ	코-후꾸다
행복하다	幸せだ	시아와세다
재미있다	面白い	오모시로이
기쁘다, 반갑다	うれしい	우레시이
하고 싶다	したい	시타이
흥분하다	興奮する	코-훈쓰루

(2) 성격 · 심리

호감이 가다	好(この)ましい	코노마시이
재미없다	つまらない	쯔마라나이
화가 나다	腹(はら)が立(た)つ	하라가 타쯔
한눈에 반함	一目惚(ひとめぼ)れ	히토메보레
지긋지긋하다	うんざりする	운자리쓰루
졸리다	眠(ねむ)い	네무이
상쾌하다, 유쾌하다	快(こころよ)い	코코로요이
수상쩍다, 수상하다	疑(うたが)わしい	우타가와시이
사랑하다	愛(あい)する	아이쓰루
슬프다	悲(かな)しい	카나시이
시끄럽다, 귀찮다	煩(うるさ)い	우루사이
신기하다	不思議(ふしぎ)だ	후시기다
실망하다	がっかりする	각까리쓰루
싫증나다	飽(あ)きる	아키루

쓸쓸하다	寂しい	사비시이
유치하다, 어리다	幼い	오사나이
아프다	痛い	이타이
어쩐지 기분나쁘다	気味悪い	키미와루이
엄하다	厳しい	키비시이
싫다	嫌だ	이야다
싫음, 싫어함	嫌い	키라이
유감이다	残念だ	잔넨다
가슴이 설레다	ときめく	토키메꾸
가엾다, 불쌍하다	かわいそうだ	카와이소-다
감동하다	感動する	칸도-쓰루
감탄을 하다	舌を巻く	시타오 마꾸
갖고 싶다	欲しい	호시이
태연하다	平気だ	헤이키다

(2) 성격 · 심리

걱정하다	心配する	심빠이쓰루
고뇌하다	悩む	나야무
곤란하다	困る	코마루
괴롭다	辛い, 苦しい	쯔라이, 쿠루시이
괜찮다	大丈夫だ	다이죠-부다
굉장하다, 대단하다	すごい	스고이
귀찮다	面倒くさい	멘도-쿠사이
따분하다	退屈だ	타이쿠쯔다
놀라다	驚く	오도로쿠
그립다	懐かしい	나쯔카시이
기대하다	期待する	키타이쓰루
깨닫다	気が付く	키가 쯔쿠
날카롭다, 예리하다	鋭い	스루도이
납득할 수가 없다	納得できない	낫토꾸 데키나이

느낌이 들다	感じがする	칸지가 쓰루
능숙하다	上手だ	죠-즈다
서투르다	下手だ	헤타다
소름이 돋다	粟立つ	아와다쯔
당치도 않다	とんでもない	톤데모나이
당황하다	慌てる	아와테루
대단하다	偉い	에라이
두근거리다	わくわくする	와쿠와쿠쓰루
두렵다, 겁나다	恐ろしい	오소로시이
무섭다	怖い	코와이
무서워하다	怖がる	코와가루
둔하다	鈍い	니부이
마음먹다	心に決める	코코로니 키메루
마음에 걸림, 근심	気掛かり	키가카리

(2) 성격 · 심리

걱정이 되다	気になる	키니 나루
마음에 두다	気にする	키니 쓰루
마음에 들다	気に入る	키니 이루
마음을 끌다	気を引く	키오 히꾸
마음이 내키다	気が進む	키가 쓰쓰무
만족하다	満足する	만조꾸쓰루
말하기 어렵다	言いづらい	이이즈라이
망설이다	迷う	마요우
매우 싫어함	大嫌い	다이키라이
매우 좋아함	大好き	다이스키
무리다, 불가능하다	無理だ	무리다
무사하다, 별고없다	無事だ	부지다
뭔가 부족하다	物足りない	모노타리나이
밉다	憎い	니꾸이

바라다, 소망하다	望（のぞ）む	노조무
반하다	惚（ほ）れる	호레루
버릇없이 기르다	甘（あま）やかす	아마야카쓰
본심	本音（ほんね）	혼네
부끄럽다, 창피하다	恥（は）ずかしい	하즈카시이
부럽다	うらやましい	우라야마시이
분하다	悔（くや）しい	쿠야시이
불안하다	不安（ふあん）だ	후안다
불쾌하다	不愉快（ふゆかい）だ	후유카이다
사랑받다	愛（あい）される	아이사레루
사소하다	細（こま）かい	코마카이
서먹서먹하다	よそよそしい	요소요소시이
소란하다	騒（さわ）がしい	사와가시이
심하다	ひどい	히도이

제4장 사람

83

(2) 성격·심리

아깝다	惜しい	오시이
안된다, 소용없다	駄目だ	다메다
열중하다	夢中だ	무츄-다
영리하다	利口だ	리코-다
욕심부리다	欲張る	요꾸바루
이상하다	おかしい	오카시이
원망하다	恨む	우라무
유쾌하다	愉快だ	유카이다
의심하다	疑う	우타가우
이해하기 어렵다	理解しにくい	리카이시니꾸이
적당하다	適当だ	테끼토-다
중대하다	重大だ	쥬-다이다
중요하다	重要だ	쥬-요-다
소중하다	大切だ	타이세쯔다

진심이다	本気だ (ほんき)	홍키다
충분하다	十分だ (じゅうぶん)	쥬-분다
친하다	親しい (した)	시타시이
큰일이다, 힘들다	大変だ (たいへん)	타이헨다
포기하다	諦める (あきら)	아키라메루
한가하다	暇だ (ひま)	히마다
헛되다, 쓸데없다	無駄だ (むだ)	무다다
현저하다, 명백하다	著しい (いちじる)	이찌지루시이
확실하다	確かだ (たし)	타시카다
과분하다, 아깝다	もったいない	못따이나이
가난하다	貧しい (まず)	마즈시이
고집, 오기	意地 (いじ)	이지
눈물	涙 (なみだ)	나미다
한숨	ため息 (いき)	타메이키

제4장 사람

85

(2) 성격·심리

미소	微笑	비쇼-
발이 넓다	顔が広い	카오가 히로이
머리가 좋다	頭が良い	아타마가 요이
만취하다	酔っ払う	욥빠라우
말이 없음	無口	무쿠치
기분	気持ち	키모치
맞다, 바르다	正しい	타다시이
혼잡하다	混む	코무
흐르다	流れる	나가레루
눈에 띄다	目に立つ	메니타쯔
물이 새다	水が漏れる	미즈가 모레루
설명에 따르다	説明に従う	세쯔메-니 시타가우
알려지다	知れる	시레루
어쩔 수 없다	止むを得ない	야무오에나이

86

먼지가 일다	ほこりが立つ	호코리가 타쯔
돈이 들다	お金がかかる	오카네가 카카루
더러워지다	汚れる	요고레루
바쁘다	忙しい	이소가시이
끝나다, 완료되다	終わる, 済む	오와루, 쓰무
(실력이) 향상되다	上達する	죠-타쯔쓰루
피로해지다, 지치다	疲れる	쯔카레루
튼튼하다	丈夫だ	죠-부다
약하다	弱い	요와이
할 리가 없다	するわけがない	쓰루와케가 나이
(시간이) 지나다	経つ	타쯔
지다, 패배하다	負ける	마케루
익숙해지다	慣れる	나레루
차이다, 퇴짜맞다	振られる	후라레루

(2) 성격 · 심리

보람이 나타나다	実(みの)る	미노루
늘다, 증가하다	増(ふ)える	후에루
도움이 되다	助(たす)かる	타스카루
계속되다, 이어지다	続(つづ)く	쯔스쿠
그치다	止(や)む	야무
부족하다	足(た)りない	타리나이
비슷하다	似(に)ている	니떼이루
빤히 보다	じろじろ見(み)る	지로지로 미루
소문이 퍼지다	うわさが飛(と)ぶ	우와사가 토부
녹다	溶(と)ける	토케루
들리다	聞(き)こえる	키코에루
바뀌다, 이동하다	移(うつ)る	우쯔루
쓸모가 없다	役(やく)に立(た)たない	야꾸니 타타나이
쓸 수 없게 되다	駄目(だめ)になる	다메니 나루

잘되다	うまくいく	우마꾸 이쿠
없어지다	無くなる	나꾸나루
느리다	遅い	오소이
시간이 걸리다	時間がかかる	지깡가 카카루
끊어지다	切れる	키레루
닫히다	閉まる	시마루
소리가 나다	音がする	오토가 쓰루
빛나다	輝く	카가야꾸
빛나다	光る	히카루
(어느 수준을) 넘다	過ぎる	스기루
줄어들다	縮む	치지무
줄다, 감소하다	減る	헤루

그림으로 배우는 단어 얼굴 명칭

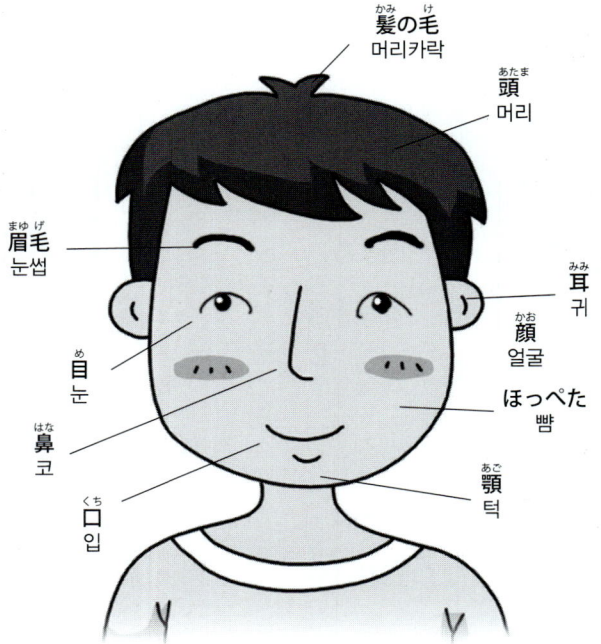

5

주거 · 사물

1. 주거
   (1) 주거의 형태
   (2) 주거의 구조 · 가구
   (3) 주방용품 · 목욕용품
   (4) 화장품
   (5) 잡화
2. 전기 · 전자제품
   (1) 가전제품
   (2) 카메라

1. 주거

(1) 주거의 형태

집	家 (いえ)	이에
주택	住宅 (じゅうたく)	쥬-타꾸
단독 주택	一戸建て (いっこだて)	익꼬다떼
이층집	二階建て (にかいだて)	니카이다떼
아파트, 연립주택	アパート	아파-또
중·고층 고급 아파트	マンション	만숀
단지	団地 (だんち)	단치
원룸	ワンルーム	완루-ㅁ
기숙사	寄宿舎 (きしゅくしゃ), 寮 (りょう)	키슈꾸샤, 료-
하숙	下宿 (げしゅく)	게슈꾸
셋집	借家 (しゃくや)	샤꾸야

임대주택	賃貸住宅	친따이쥬-타꾸
자기 집	持ち家	모찌이에
목조	木造	모꾸조-
세대	世帯	쇼타이
집을 비움	留守	루쓰
이사하다	引っ越す	힉꼬스

(2) 주거의 구조 · 가구

주거	住居	쥬-쿄
복덕방	不動産屋	후도-상야
(집세 등의) 보증금	敷金	시끼킹
방세, 방값	部屋代	헤야다이
집세	家賃	야칭
계약금	頭金	아타마킹
집주인	大家	오-야

(1) 주거

대문	門 (もん)	몽
현관	玄関 (げんかん)	겡깡
거실	居間 (いま), リビング	이마, 리빙구
다다미	畳 (たたみ)	다타미
방	部屋 (へや)	헤야
독방	一人部屋 (ひとりべや)	히토리베야
마루	床 (ゆか)	유카
벨	ベル	베루
벽	壁 (かべ)	카베
복도	廊下 (ろうか)	로-카
부엌, 주방	台所 (だいどころ)	다이도꼬로
옥상	屋上 (おくじょう)	오꾸죠-
천정	天井 (てんじょう)	텐죠-
욕실	バスルーム	바스루-무

응접실	応接間 (おうせつま)	오-세쯔마
객실	客間 (きゃくま)	캬꾸마
정원, 마당	庭 (にわ)	니와
지붕	屋根 (やね)	야네
지하실	地下室 (ちかしつ)	치카시쯔
창문	窓 (まど)	마도
화장실	お手洗い (おてあらい)	오테아라이
화장실	トイレ	토이레
창고	倉庫 (そうこ)	소-코
벽장	押入れ (おしいれ)	오시이레
서랍	引き出し (ひきだし)	히키다시
책상	机 (つくえ)	쯔쿠에
책장	本棚 (ほんだな), 本箱 (ほんばこ)	혼다나, 홈바코
책꽂이	本立 (ほんたて)	혼타떼

제5장 주거·사물

95

(1) 주거

한국어	일본어	발음
테이블, 탁자	テーブル	테-부루
걸상, 의자	腰掛け	코시카께
의자	椅子	이쓰
선반	棚	타나
소파	ソファー	소화-
식탁	食卓	쇼꾸타꾸
장롱	たんす	탄스
찬장	戸棚	토다나
화장대	鏡台	카가미다이
침대	ベット	벳또
괘종시계, 벽시계	柱時計	하시라도케이

(3) 주방용품 · 목욕용품

한국어	일본어	발음
냄비	鍋	나베
솥	釜	카마

프라이팬	フライパン	후라이판
도마	まな板 (いた)	마나이따
부엌칼	包丁 (ほうちょう)	호-쵸-
식기	食器 (しょっき)	쇽키
밥공기	茶碗 (ちゃわん)	챠왕
보온병	魔法瓶 (まほうびん)	마호-빙
커피포트	コーヒーポット	코-히-폿또
소쿠리	ざる	자루
숟가락	スプーン	스푸-운
젓가락	箸 (はし)	하시
포크	フォーク	호-쿠
쟁반	お盆 (ぼん)	오봉
접시	皿 (さら)	사라
주걱	杓文字 (しゃもじ)	샤모지

(1) 주거

국자	杓子 (しゃくし)	샤꾸시
주전자	やかん	야깡
찻잔	湯飲み (ゆのみ)	유노미
컵(손잡이 없는)	コップ	콥뿌
컵(손잡이 있는)	カップ	캅뿌
깡통 따개	缶切り (かんきり)	캉키리
타월, 수건	タオル	타오루
때타월	あかすりタオル	아카쓰리타오루
면도기	剃刀 (かみそり)	카미소리
생리대	生理用ナプキン (せいりよう)	세이리요-나프킹
비누	石鹸 (せっけん)	섹켕
치약	歯磨き (はみがき)	하미가키
칫솔	歯ブラシ (は)	하브라시
샴푸	シャンプー	샴푸-

린스	リンス	린스
세면대	洗面台(せんめんだい)	셈멘다이
변기	便器(べんき)	벵키
욕조	湯船(ゆぶね)	유부네
수도	水道(すいどう)	쓰이도-
배수구	排水口(はいすいこう)	하이쓰이코-
수도꼭지	蛇口(じゃぐち)	쟈구치

(4) 화장품

화장품	化粧品(けしょうひん)	케쇼-힝
클렌징	クレンジング	크렌징구
면봉	綿棒(めんぼう)	멤보-
스킨케어	スキンケア	스킨케아
스킨	化粧水(けしょうすい)	케쇼-쓰이
로션	乳液(にゅうえき)	뉴-에키

(1) 주거

크림	クリーム	크리-무
자외선 차단제	日焼け止め	히야케도메
메이크업	メイクアップ	메이크압뿌
파우더	パウダー	파우다-
파운데이션	ファンデーション	환데-숑
(화장용) 분	白粉	오시로이
립스틱	口紅	쿠찌베니
립스틱	リップスティック	립뿌스틱꾸
립 크림	リップクリーム	립뿌크리-무
아이섀도	アイシャドー	아이샤도-
눈썹연필	眉墨	마유즈미
아이브로우	アイブロウ	아이브로우
아이라이너	アイライナー	아이라이나-
마스카라	マスカラ	마스카라

볼터치	チーク	치-크
향수	香水(こうすい)	코-쓰이
매니큐어	マニキュア	마니큐아
팩	パック	팍꾸

(5) 잡화

그림책	絵本(えほん)	에홍
시집	詩集(ししゅう)	시슈-
꽃병	花瓶(かびん)	카빙
달력	カレンダー	카렌다-
담배	タバコ	타바코
도장	印鑑(いんかん), はんこ	인캉, 항꼬
털실	毛糸(けいと)	케이토
바늘	針(はり)	하리
실	糸(いと)	이또

(1) 주거

한국어	일본어	발음
끈	ひも	히모
방석	座布団 (ざぶとん)	자부통
베개	枕 (まくら)	마꾸라
시트	シーツ	시-쯔
이불, 요	布団 (ふとん)	후통
커튼	カーテン	카-텡
쿠션	クッション	쿳숀
벽걸이, 족자	かけもの	카케모노
보자기	風呂敷 (ふろしき)	후로시키
바구니, 소쿠리	かご	카고
부채	うちわ	우치와
쥘부채	扇子 (せんす)	센쓰
빗	くし	쿠시
거울	鏡 (かがみ)	카가미

상자	箱 (はこ)	하코
소지품	持ち物 (もの)	모찌모노
손톱깎이	爪切り (つめきり)	쯔메키리
솔	ブラシ	부라시
시계	時計 (とけい)	토케이
항아리	壺 (つぼ)	쯔보
종이 부스러기, 휴지	紙屑 (かみくず)	카미쿠즈
쓰레기통	ごみ箱 (ばこ)	고미바꼬
양산	日傘 (ひがさ)	히가사
우산	傘 (かさ)	카사
열쇠	鍵 (かぎ)	카기
열쇠고리	キーホルダー	키-호루다-
유리	ガラス	가라쓰
재떨이	灰皿 (はいざら)	하이자라

제5장 주거·사물

(1) 주거

저울	秤 (はかり)	하카리
인형	人形 (にんぎょう)	닝교-
장난감	おもちゃ	오모챠
전구	電球 (でんきゅう)	뎅큐-
전등	電灯 (でんとう)	덴토-
램프	ランプ	람푸
플러그	プラグ	푸라구
콘센트	コンセント	콘센토
스위치	スイッチ	스잇치
톱	のこぎり	노코기리
망치	かなづち	카나즈치
판자	板 (いた)	이타
드라이버	ドライバー	도라이바-
나사	ねじ	네지

2. 전기 · 전자제품

(1) 가전제품

전기제품	電気製品(でんきせいひん)	뎅키세-힝
가습기	加湿器(かしつき)	카시쯔키
건전지	乾電池(かんでんち)	칸덴치
건조기	乾燥器(かんそうき)	칸소-키
냉장고	冷蔵庫(れいぞうこ)	레-조-코
다리미	アイロン	아이롱
녹음기	テープレコーダー	테-푸레코-다-
라디오	ラジオ	라지오
스테레오	ステレオ	스테레오
스피커	スピーカー	스피-카-
CD플레이어	シーディープレーヤー	시디푸레-야-

(2) 전기 · 전자제품

오디오	オーディオ	오-디오
워크맨	ウォークマン	우오-쿠망
레이저 디스크	レーザーディスク	레-자-디스쿠
콤팩트디스크	コンパクトディスク	콤파꾸토디스쿠
비디오	ビデオ	비데오
카메라	カメラ	카메라
무비카메라	ムービーカメラ	무-비-카메라
무선호출기	ポケットベル	포켓또베루
믹서기	ミキサー	미끼사-
스토브	ストーブ	스토-부
전기밥솥	電気釜（でんきがま）	뎅끼가마
가스레인지	ガスレンジ	가스렌지
전자레인지	電子（でんし）レンジ	덴시렌지
토스터	トースター	토-스타-

선풍기	扇風機 (せんぷうき)	셈뿌-키
세탁기	洗濯機 (せんたくき)	센타꾸키
에어컨	クーラー, エアコン	쿠-라-, 에아콘
청소기	掃除機 (そうじき)	소-지끼
텔레비전	テレビ	테레비
자동 응답 전화	留守番電話 (るすばんでんわ)	루쓰방뎅와
자명종	目覚まし時計 (めざましどけい)	메자마시도케이
탁상시계	置き時計 (おきどけい)	오키도케이
전기면도기	電気剃刀 (でんきかみそり)	뎅끼카미소리
전자계산기	電子計算機 (でんしけいさんき)	덴시케이상키
팩스	ファックス	확꾸스
휴대폰	携帯電話 (けいたいでんわ)	케-타이뎅와
헤드폰	ヘッドホーン	헷도호-온
드라이어	ドライヤー	도라이야-

(2) 전기·전자제품

(2) 카메라

사진기	写真機 (しゃしんき)	샤싱키
일회용 카메라	使い切りカメラ (つかいきり)	쯔카이키리카메라
디지털카메라	デジタルカメラ	데지타루카메라
필름	フィルム	휘루무
전원	電源 (でんげん)	뎅겡
메모리카드	メモリーカード	메모리-카-도
데이터	データ	데-타
액정모니터	液晶モニター (えきしょう)	에키쇼-모니타-
렌즈	レンズ	렌즈
줌렌즈	ズームレンズ	주-므렌즈
파인더	ファインダ	화인다
앵글	アングル	앙그루
손떨림방지	手振れ補正 (てぶれほせい)	테부레호세이

셔터	シャッター	샷타-
피사체	被写体(ひしゃたい)	히샤타이
플래쉬	フラッシュ	후랏슈
화소	画素(がそ)	가소
화상	画像(がぞう)	가조-
화질	画質(がしつ)	가시쯔
고감도	高感度(こうかんど)	코-칸도
조리개	絞(しぼ)り	시보리
촬영	撮影(さつえい)	사쯔에이
촬영모드	撮影(さつえい)モード	사쯔에이모-도
동영상	動画(どうが)	도-가
초점	ピント	핀토
화면	画面(がめん)	가멘
(사진을) 찍다	撮(と)る	토루

그림으로 배우는 단어 욕실

6

학교 · 교육

1. 교육과정
   (1) 교육과정
   (2) 전공 · 교과과목
2. 학교생활
   (1) 학교시설
   (2) 학교생활
   (3) 학용품 · 문구류

japanese

1. 교육과정

(1) 교육과정

유치원	幼稚園(ようちえん)	요-치엥
초등학교	小学校(しょうがっこう)	쇼-각꼬-
초등학생	小学生(しょうがくせい)	쇼-각세-
중학교	中学校(ちゅうがっこう)	츄-각꼬-
중학생	中学生(ちゅうがくせい)	츄-각세-
고등학교	高等学校(こうとうがっこう)	코-토-각꼬-
고교	高校(こうこう)	코-코-
고등학생	高校生(こうこうせい)	코-코-세-
수험생	受験生(じゅけんせい)	쥬켄세-
재수생	浪人(ろうにん)	로-닝
대학교	大学校(だいがっこう)	다이각꼬-

대학생	大学生 (だいがくせい)	다이각세-
전문학교	専門学校 (せんもんがっこう)	셈몽각꼬-
대학원	大学院 (だいがくいん)	다이가꾸잉
석사과정	修士課程 (しゅうしかてい)	슈-시카테이
박사과정	博士課程 (はかせかてい)	하카세카테이
박사과정	博士課程 (はくしかてい)	하쿠시카테이
유학생	留学生 (りゅうがくせい)	류-각세-
클래스, 반	クラス	크라스

(2) 전공 · 교과과목

교과	教科 (きょうか)	쿄-카
교과서	教科書 (きょうかしょ)	쿄-카쇼
과목	科目 (かもく)	카모꾸
국어	国語 (こくご)	코꾸고
고전	古典 (こてん)	코뗑

113

(1) 교육과정

영어	英語 (えいご)	에이고
수학	数学 (すうがく)	스-가꾸
사회	社会 (しゃかい)	샤카이
세계사	世界史 (せかいし)	세카이시
지리	地理 (ちり)	치리
과학	科学, 理学 (かがく, りがく)	카가꾸, 리가꾸
물리	物理 (ぶつり)	부쯔리
생물	生物 (せいぶつ)	세-부쯔
미술	美術 (びじゅつ)	비쥬쯔
체육	体育 (たいいく)	타이이꾸
전공	専攻 (せんこう)	셍코-
문과계열	文科系 (ぶんかけい)	붕카케이
이과계열	理科系 (りかけい)	리카케이
학과	学科 (がっか)	각카

114

어학	語学 (ごがく)	고가꾸
문학	文学 (ぶんがく)	붕가꾸
교육학	教育学 (きょういくがく)	쿄-이쿠가꾸
공학	工学 (こうがく)	코-가꾸
법학	法学 (ほうがく)	호-가꾸
화학	化学 (かがく)	카가꾸
의학	医学 (いがく)	이가꾸
경제학	経済学 (けいざいがく)	케-자이가꾸
경영학	経営学 (けいえいがく)	케-에이가꾸
정치학	政治学 (せいじがく)	세이지가꾸
심리학	心理学 (しんりがく)	신리가꾸
신학	神学 (しんがく)	싱가꾸
철학	哲学 (てつがく)	테쯔가꾸
교양과목	教養科目 (きょうようかもく)	쿄-요-카모꾸

2. 학교생활

(1) 학교시설

도서관	図書館	토쇼캉
도서실	図書室	토쇼시쯔
체육관	体育館	타이이꾸캉
강당	講堂	코-도-
교무실	教務室	쿄-무시쯔
교실	教室	쿄-시쯔
복도	廊下	로-카
옥상	屋上	오꾸죠-
화장실	洗面所	셈멘죠
수영장	プール	푸-루
과학실	理科室	리카시쯔

음악실	音楽室 _{おんがくしつ}	옹가꾸시쯔
방송실	放送室 _{ほうそうしつ}	호-소-시쯔
양호실	保健室 _{ほけんしつ}	호켄시쯔
부실	部室 _{ぶしつ}	부시쯔
운동장	運動場 _{うんどうじょう}	운도-죠-
기숙사	寮 _{りょう}	료-
식당	食堂 _{しょくどう}	쇼꾸도-
사물함	キャビネット	캬비넷또

(2) 학교생활

입학	入学 _{にゅうがく}	뉴-가꾸
졸업	卒業 _{そつぎょう}	소쯔교-
입학식	入学式 _{にゅうがくしき}	뉴-가꾸시키
졸업식	卒業式 _{そつぎょうしき}	소쯔교-시키
문화제	文化祭 _{ぶんかさい}	붕카사이

(2) 학교생활

부활동	部活動 (ぶかつどう)	부카쯔도-
운동회	運動会 (うんどうかい)	운도-카이
공립학교	公立学校 (こうりつがっこう)	코-리쯔각꼬-
사립학교	私立学校 (しりつがっこう)	시리쯔각꼬-
학교, 학원	学院 (がくいん)	가꾸잉
출석	出席 (しゅっせき)	슛세키
결석	欠席 (けっせき)	켓세키
조퇴	早退 (そうたい)	소-타이
진학	進学 (しんがく)	싱가꾸
합격	合格 (ごうかく)	고-카꾸
유급	留年 (りゅうねん)	류-넨
휴학	休学 (きゅうがく)	큐-가꾸
정학	停学 (ていがく)	테-가꾸
퇴학	退学 (たいがく)	타이가꾸

여름방학	夏休み (なつやすみ)	나쯔야쓰미
겨울방학	冬休み (ふゆやすみ)	후유야쓰미
수업	授業 (じゅぎょう)	쥬교-
세미나	ゼミ	제미
숙제	宿題 (しゅくだい)	슈꾸다이
과제	課題 (かだい)	카다이
리포트	レポート	레포-토
시험	試験 (しけん)	시켕
성적	成績 (せいせき)	세이세키
이수	履修 (りしゅう)	리슈-
실습	実習 (じっしゅう)	짓슈-
실험	実験 (じっけん)	직켕
자습	自習 (じしゅう)	지슈-
예습	予習 (よしゅう)	요슈-

(2) 학교생활

복습	復習 (ふくしゅう)	후꾸슈-
교복	学生服 (がくせいふく)	각세이후쿠
반	組 (くみ)	쿠미
반장	番長 (ばんちょう)	반쵸-
당번	日直 (にっちょく)	닛쵸쿠
교사	教師 (きょうし)	쿄-시
선생님	先生 (せんせい)	센세-
교수	教授 (きょうじゅ)	쿄-쥬
강사	講師 (こうし)	코-시
교장선생님	校長先生 (こうちょうせんせい)	코-쵸-센세-
교감선생님	教頭先生 (きょうとうせんせい)	쿄-토-센세-
양호 교사	養護教諭 (ようごきょうゆ)	요-고쿄-유
이사장	理事 (りじ)	리지
총장	総長 (そうちょう)	소-쵸-

(3) 학용품·문구류

자	定規(じょうぎ)	죠-기
컴퍼스	コンパス	콤파스
필통	筆立て(ふでたて), 筆入り(ふでいり)	후데타떼, 후데이리
볼펜	ボールペン	보-루펭
펜	ペン	펭
샤프	シャープ	샤-프
샤프펜슬	シャープペンシル	샤-프펜시루
연필	鉛筆(えんぴつ)	엠피쯔
만년필	万年筆(まんねんひつ)	만넹히쯔
붓	筆(ふで)	후데
지우개	消(け)しゴム	케시고무
매직	マジック	마직꾸
잉크	インク, インキ	잉크, 잉키

(2) 학교생활

색연필	色鉛筆（いろえんぴつ）	이로엠피쯔
크레파스	クレパス	크레파스
크레용	クレヨン	크레용
파스텔	パステル	파스테루
물감	絵の具（えのぐ）	에노구
염료	染料（せんりょう）	센료-
노트	ノート	노-토
호치키스	ホチキス	호치키스
초등학생용 가방	ランドセル	란도세루
칠판	黒板（こくばん）	코꾸방
분필	分泌（ぶんぴつ）	붐피쯔
분필	チョーク	쵸-크
칠판지우개	黒板消し（こくばんけし）	코꾸방케시
셀로테이프	セロテープ	세로테-푸

종이	紙 (かみ)	카미
색종이	色紙 (いろがみ)	이로가미
가위	はさみ	하사미
풀	糊 (のり)	노리
메모판	伝言板 (でんごんばん)	뎅곰방
노트	ノート	노-토
사전	辞書, 辞典 (じしょ, じてん)	지쇼, 지뗑
원고용지	原稿用紙 (げんこうようし)	겡코-요-시
찰흙, 점토	粘土 (ねんど)	넨도
석고상	石膏像 (せっこうぞう)	섹코-조-

그림으로 배우는 단어 문구류

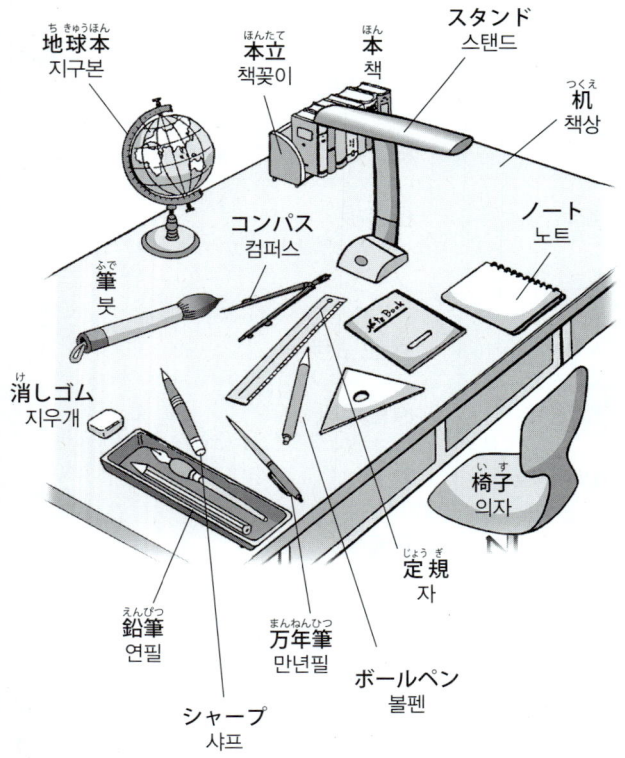

7

교통 · 정보통신

1. 거리 · 길묻기
   (1) 길묻기 · 방향
   (2) 거리

2. 교통수단
   (1) 비행기
   (2) 차
   (3) 전철
   (4) 기차
   (5) 자전거
   (6) 배

3. 정보통신
   (1) 컴퓨터와 인터넷
   (2) 전화

japanese

1. 거리 · 길묻기

(1) 길묻기 · 방향

길안내	道案内	미찌안나이
길을 잃다	道に迷う	미찌니 마요우
지도	地図	치즈
표시, 표적	目印	메지루시
~번가	~丁目	쵸-메
번지, 주소	番地	반치
~번째	~番目	밤메
근처, 근방	近所	킨죠
방면	方面	호-멘
바깥쪽	外側	소토가와
안쪽	内側	우찌가와

반대 방면	反対方面 (はんたいほうめん)	한타이호-멘
막다른 곳	突き当たり (つきあたり)	쯔키아따리
똑바로 가다	まっすぐ行く (い)	맛스구이꾸
오른쪽으로 돌다	右へ曲がる (みぎ ま)	미기에 마가루
왼쪽으로 돌다	左へ曲がる (ひだり ま)	히다리에 마가루

(2) 거리

보도, 인도	歩道 (ほどう)	호도-
육교	歩道橋 (ほどうきょう)	호도-쿄-
지름길	近道 (ちかみち)	치카미찌
지하도	地下道 (ちかどう)	치카도-
차도	車道 (しゃどう)	샤도-
교차로, 십자로	交差点 (こうさてん)	코-사뗑
건널목	踏切 (ふみきり)	후미키리
건너다	渡る (わた)	와타루

(1) 거리・길묻기

신호, 신호등	信号（しんごう）	싱고-
빨간 신호	赤信号（あかしんごう）	아카싱고-
파란신호	青信号（あおしんごう）	아오싱고-
신호 대기	信号待ち（しんごうまち）	싱고-마찌
교통 신호	交通信号（こうつうしんごう）	코-쯔-싱고-
횡단보도	横断歩道（おうだんほどう）	오-단호도-
고속도로	高速道路（こうそくどうろ）	코-소꾸도-로
교외	郊外（こうがい）	코-가이
다리	橋（はし）	하시
간판	看板（かんばん）	캄방
건물	建物（たてもの）	타떼모노
고층빌딩	高層ビル（こうそう）	코-소-비루
큰거리	大通り（おおどお）	오오도오리
번화가	繁華街（はんかがい）	항카가이

128

2. 교통수단

(1) 비행기

비행기	飛行機 (ひこうき)	히코-끼
퍼스트클래스	ファーストクラス	화-스토크라스
비즈니스클래스	ビジネスクラス	비지네스크라스
일반석, 이코노미석	エコノミークラス	에코노미-크라스
~행	~行き (ゆき)	유키
도쿄행 비행기	東京行きの便 (とうきょうゆきのびん)	토-쿄-유키노빈
게이트	ゲート	게-토
국내선	国内線 (こくないせん)	고꾸나이센
국제선	国際線 (こくさいせん)	곡사이센
항공기 편명	航空機便名 (こうくうきびんめい)	코-쿠-키빔메-
편도	片道 (かたみち)	카타미찌

(2) 교통수단

왕복편	往復便	오-후쿠빈
대기인원	キャンセル待ち	캬안세루마찌
몇시발	何時発	난지하쯔
목적지	行き先	유키사끼
(날짜 등을) 앞당기다	繰り上げる	쿠리아게루
늦추다	遅らせる	오쿠라세루
재확인	再確認	사이카꾸닌
출발시간	出発時間	슛파쯔지캉
탑승구	搭乗口	토-죠-구찌
탑승수속	搭乗手続き	토-죠-테쯔즈키
여권	旅券	료켕
여권	パスポート	파스포-또
여권번호	旅券番号	료켐방고-
탑승권	搭乗券	토-죠-켕

오픈티켓	オープンチケット	오-픈치켓또
기내	機内	키나이
파일럿	パイロット	파이롯또
기장	機長	키쵸-
사무장	パーサー	파-사-
스튜어드	スチュワード	스츄와-도
스튜어디스	スチュワーデス	스츄와-데스
객실승무원	キャビンアテンダント	캬빙아텐단토
승객	乗客	죠-캬꾸
좌석	座席	자세키
좌석번호	座席番号	자세키방고-
창가쪽	窓側	마도가와
통로쪽	通路側	쯔-로가와
중앙좌석	中央座席	츄-오-자세끼

(2) 교통수단

한국어	일본어	발음
안전벨트 착용	シートベルト着用	시-토베루또챠쿠요-
이륙	離陸	리리꾸
착륙	着陸	챠쿠리꾸
도착	到着	토-챠꾸
기내반입	機内持ち込み	키나이모찌코미
기내식	機内食	키나이쇼꾸
음료수	飲み物	노미모노
담요	毛布	모-후
독서등	読書灯	독쇼토-
물수건	おしぼり	오시보리
이어폰	イヤホーン	이야호-옹
기내판매	機内販売	키나이함바이
면세품	免税品	멘제-힝
신문	新聞	심붕

132

석간	夕刊	유-캉
잡지	雑誌	잣시
주간지	週刊誌	슈-칸시
월간지	月刊誌	겟깐시
휴대품	手荷物	테니모쯔
고도	高度	코-도
난기류	乱気流	랑키류-
불시착	不時着	후지챠꾸
비상구	非常口	히죠-구찌
구명동의	救命胴衣	큐-메-도-이
현지시간	現地時間	겐치지캉
시차	時差	지사
호출버튼	呼び出しボタン	요비다시보탕
비행기 멀미	飛行機酔い	히코-끼요이

(2) 교통수단

구토	吐き気	하끼케
수속	手続き	테쯔즈키
국적	国籍	곡세키
내국인	内国人	나이코꾸진
외국인	外国人	가이코꾸진
귀국하다	帰国する	키코꾸스루
입국	入国	뉴-코꾸
입국심사	入国審査	뉴-코꾸신사
입국절차	入国手続き	뉴-코꾸테쯔즈키
입국신고서	入国カード	뉴-코꾸카-도
출국신고서	出国カード	슛코꾸카-도
상륙 허가	上陸許可	죠-리꾸쿄카
지문을 채취하다	指紋を取る	시몽오 토루
목적지	目的地	모꾸테끼치

머무르다	滞在する	타이자이스루
비자	ビザ	비자
비자번호	ビザ番号	비자방고-
생년월일	生年月日	세-넨갑삐
성(姓)	苗字	묘-지
성명	氏名	시메-
성별	性別	세-베쯔
그룹, 단체	グループ	그루-뿌
귀중품	貴重品	키쵸-힝
꼬리표	荷札	니후다
보관소	保管所	호칸쇼
수하물 보관소	手荷物預かり所	테니모쯔아즈카리쇼
슈트케이스	スーツケース	스-쯔케-스
짐	荷物	니모쯔

(2) 교통수단

카트, 손수레	カート	카-토
트렁크	トランク	토랑쿠
관세	関税	칸제-
반입 금지품	持ち込み禁止品	모찌코미킨시힝
세관검사	税関審査	제-캉신사
세관신고서	税関申告書	제-캉싱코꾸쇼
세금	税金	제-킹
신고하다	申告する	싱코꾸쓰루
짐 검사	荷物検査	니모쯔켄사
검역	検疫	켕에끼

(2) 차

차	車	쿠루마
자동차	自動車	지도-샤
소형차	小型車	코가타샤

대형차	大型車 (おおがたしゃ)	오-가타샤
침대차	寝台車 (しんだいしゃ)	신다이샤
트럭	トラック	토락꾸
왜건	ワゴン	와공
공항버스	エアポートバス	에아포-또바스
리무진 버스	リムジンバス	리무진바스
시내버스	市内バス (しない)	시나이바스
관광버스	観光バス (かんこう)	캉코-바스
야간버스	夜行バス (やこう)	야코-바스
국제운전면허증	国際運転免許証 (こくさいうんてんめんきょしょう)	곡사이운뗌멩쿄쇼-
버스	バス	바스
버스 요금	バス代 (だい)	바스다이
버스 정류장	バス乗り場 (のば)	바스노리바
버스 정류장	バス停 (てい)	바스테-

(2) 교통수단

한국어	일본어	발음
역을 지나침	乗り越し	노리코시
요금	料金	료-킹
오토매틱	オートマチック	오-토마칙꾸
운전	運転	운뗑
좌회전	左折	사세쯔
우회전	右折	우세쯔
차를 멈추다	車を止める	쿠루마오 토메루
추월하다, 앞지르다	追い越す	오이코스
졸음운전	居眠り運転	이네무리운뗑
한눈팔며 운전함	わき見運転	와키미운뗑
안전벨트	シートベルト	시-토베루또
운전석	運転席	운뗀세키
조수석	助手席	죠슈세키
뒷좌석	後ろ席	우시로세키

한국어	日本語	발음
(차에서) 내려놓다	降ろす	오로쓰
(차에서) 내리다	降りる	오리루
(차에) 타다	乗る	노루
(차에) 태우다	乗せる	노세루
차멀미	車酔い	쿠루마요이
일방통행	一方通行	입뽀-쓰-코-
정체, 밀림	渋滞	쥬-타이
주차	駐車	츄-샤
주차장	駐車場	츄-샤죠-
주유소	ガソリンスタンド	가소린스탄도
택시	タクシー	타쿠시-
택시를 잡다	タクシーを拾う	타쿠시-오 히로우
손님을 기다림	客待ち	캬꾸마찌
자동문	自動ドア	지도-도아

(2) 교통수단

할증요금	割増料金	와리마시료-킹
합승	相乗り	아이노리
요금 표시기	メーター	메-타-

(3) 전철

전철	電車	덴샤
지하철	地下鉄	치카테쯔
사철	私鉄	시테쯔
각역정차	各駅停車	카꾸에끼테-샤
보통열차	普通列車	후쯔-렛샤
급행열차	急行列車	큐-코-렛샤
특급열차	特急列車	톡큐-렛샤
첫차	始発	시하쯔
마지막 전차	終電	슈-덴
마지막 전차	赤電車	아카덴샤

역전	駅前（えきまえ）	에끼마에
매표소	きっぷ売り場（うば）	킵뿌우리바
표	切符（きっぷ）	킵뿌
정기권	定期券（ていきけん）	테이키켕
방면	方面（ほうめん）	호-멘
발차	発車（はっしゃ）	핫샤
서행	徐行（じょこう）	죠코-
선로	線路（せんろ）	센로
역	駅（えき）	에끼
연착	延着（えんちゃく）	엔챠꾸
갈아탐	乗り換え（のりかえ）	노리카에
개찰구	改札口（かいさつぐち）	카이사쯔구찌
역원	駅員（えきいん）	에끼잉
정산기	精算機（せいさんき）	세-상키

제7장 교통·정보통신

(2) 교통수단

(4) 기차

기차	汽車	키샤
열차	列車	렛샤
철도	鉄道	테쯔도-
일본철도(JR)	ジェーアール	제-아-루
신간선(고속철도)	新幹線	신칸센
초특급 열차	超特急	쵸-톡큐-
그린석(우등석)	グリーン席	그리-인세끼
지정석	指定席	시테-세끼
자유석	自由席	지유-세끼
흡연석	喫煙席	키쯔엔세끼
금연석	禁煙席	킹엔세끼
좌석이 다 참, 만석	満席	만세끼
편도	片道	카타미찌

왕복	往復 おうふく	오-후꾸
학생할인	学生割引 がくせいわりびき	각세-와리비끼
기차역 도시락	駅弁 えきべん	에끼벤
자동판매기	自動販売機 じどうはんばいき	지도-함바이키

(5) 자전거

이륜차	二輪車 にりんしゃ	니린샤
오토바이	オートバイ	오-토바이
바이크	バイク	바이크
자전거	自転車 じてんしゃ	지뗀샤
자전거	ちゃりんこ	챠링코
바구니가 달린 자전거	ママちゃり	마마챠리
페달	ペダル	페다루
체인	チェーン	체-엔
타이어	タイヤ	타이야

(2) 교통수단

안장	サドル	사도루
헤드라이트	ヘッドライト	헷도라이토
라이트	ライト	라이토
핸들	ハンドル	한도루
브레이크	ブレーキ	브레-키
헬멧	ヘルメット	헤르멧또
(페달을) 밟다	漕ぐ	코구
자전거 보관소	駐輪場	츄-린죠-

(6) 배

배	船	후네
페리	フェリー	훼리-
크루즈, 선박 여행	クルーズ	크루-즈
유람선	遊覧船	유-란센
잠수함	潜水艦	센스이캉

어선	漁船 (ぎょせん)	교센
고기잡이배	猟船 (りょうせん)	료-센
보트	ボート	보-토
코터보트	モーターボート	모-타-보-토
요트	ヨット	욧토
뱃멀미	船酔い (ふなよい)	후나요이
그물	網 (あみ)	아미
닻	錨 (いかり)	이카리
돛	帆 (ほ)	호
낚시	釣り (つり)	쯔리
미끼, 먹이	餌 (えさ)	에사
항구	港 (みなと)	미나토
방파제	波除け (なみよけ)	나미요케
등대	灯台 (とうだい)	토-다이

3. 정보통신

(1) 컴퓨터와 인터넷

컴퓨터	コンピューター	콤퓨-타-
데스크탑	デスクトップ	데스크톱뿌
퍼스널 컴퓨터	パソコン	파소콩
노트북	ノートパソコン	노-토파소콩
모니터	モニター	모니타-
프린터	プリンター	푸린타-
스캐너	スキャナー	스캬나-
디스켓	ディスケット	디스켓또
하드 디스크	ハードディスク	하-도디스크
메모리 카드	メモリーカード	메모리-카-도
사운드 카드	サウンドカード	사운도카-도

RAM	ラム	라무
ROM	ロム	로무
파일	ファイル	화이루
바이트	バイト	바이토
메가바이트	メガバイト	메가바이토
소프트웨어	ソフトウェア	소후토웨아
스피커	スピーカー	스피-카-
인터넷	インターネット	인타-넷또
메일	メール	메-루
로그인	ログイン	로그잉
로그아웃	ログアウト	로그아우또
블로그	ブログ	브로그
호스트	ホスト	호스토
인트라넷	イントラネット	인토라넷또

(3) 정보통신

웹페이지	ウェブページ	웨브페-지
웹사이트	ウェブサイト	웨브사이토
홈페이지	ホームページ	호-무페-지

(2) 전화

전화	電話	뎅와
유선전화	有線電話	유-센뎅와
무선전화	無線電話	무센뎅와
여보세요	もしもし	모시모시
전화를 걸다	電話を掛ける	뎅와오 카케루
전화를 받다	電話に出る	뎅와니 데루
전화를 끊다	電話を切る	뎅와오 키루
전화번호	電話番号	뎅와방고-
공중전화	公衆電話	코-슈-뎅와
전화카드	テレフォンカード	테레홍카-도

국제전화	国際電話（こくさいでんわ）	곡사이뎅와
수신자 부담 전화	コレクトコール	코레쿠또코-루
자동 응답 전화	留守番電話（るすばんでんわ）	루쓰방뎅와
전화 교환원	交換手（こうかんしゅ）	코-칸슈
오퍼레이터	オペレーター	오페레-타-
연결하다	つなぐ	쓰나구
다시 걸다	掛け直す（かけなおす）	카케나오쓰
메모	メモ	메모
메모를 하다	メモを取る（とる）	메모오 토루
전언, 전갈	言付け（ことづけ）	코토즈케
전언	伝言（でんごん）	뎅공
목소리	声（こえ）	코에
성함	お名前（なまえ）	오나마에
수화기	受話器（じゅわき）	주와키

제7장 교통·정보통신

(3) 정보통신

연락처	連絡先 (れんらくさき)	렌라꾸사키
외출	外出 (がいしゅつ)	가이슈쯔
부재중	留守 (るす)	루스
용건	用件 (ようけん)	요-켕
전하다	伝える (つたえる)	쯔타에루
통화요금	通話料金 (つうわりょうきん)	쯔-와료-킹
통화 중	通話中 (つうわちゅう)	쯔-와츄-
통화 중	お話中 (おはなしちゅう)	오하나시츄-
혼선	混線 (こんせん)	콘셍
고장	故障 (こしょう)	코쇼-
휴대폰	携帯電話 (けいたいでんわ)	케-타이뎅와
안테나	アンテナ	안테나
배경화면	待ち受け画面 (まちうけがめん)	마치우케가멩
착신노래	着うた (ちゃくうた)	챠쿠우타

착신멜로디	着(ちゃく)メロ	챠쿠메로
메일	メール	메-루
송신	送信(そうしん)	소-신
착신	着信(ちゃくしん)	착신
수신	受信(じゅしん)	쥬신
발신	発信(はっしん)	핫신
통화권 이탈	圏外(けんがい)	켕가이
다이얼	ダイヤル	다이야루
부재중 서비스	留守番(るすばん)サービス	루스방사-비스
통화버튼	通話(つうわ)ボタン	쯔-와보탕
별표버튼	米印(こめじるし)ボタン	코메지루시보탕
샵버튼	シャープボタン	샤-뿌보탕

그림으로 배우는 단어 **전화기**

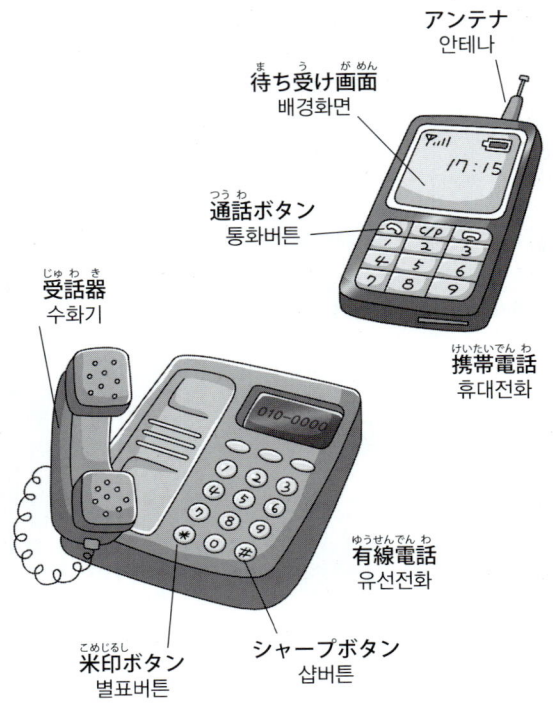

8

호텔 · 관광

1. 호텔
   (1) 방 잡기
   (2) 호텔 이용

2. 관광
   (1) 일본의 행정구역
   (2) 주요 강과 산, 명승지
   (3) 관광 용어
   (4) 안내문 · 경고문

1. 호텔 관련 어휘

(1) 방 잡기

호텔	ホテル	호테루
여관	旅館(りょかん)	료캉
여관, 숙소	宿(やど)	야도
비즈니스호텔	ビジネスホテル	비지니스호테루
유스 호스텔	ユースホステル	유-스호스테루
민박	民宿(みんしゅく)	민슈꾸
예약	予約(よやく)	요야꾸
취소	取消(とりけし)	토리케시
~호실	~号室(ごうしつ)	고-시쯔
1박 2일	一泊二日(いっぱくふつか)	입빠꾸후쯔까
2박 3일	二泊三日(にはくみっか)	니하꾸믹까

묵다	泊る	토마루
숙박	宿泊	슈꾸하꾸
전망이 좋다	眺めがいい	나가메가 이이
체크인	チェックイン	첵쿠인
체크아웃	チェックアウト	첵쿠아우토
빈방	空き部屋	아키베야
방이 다 참, 만실	満室	만시쯔
싱글룸	シングルルーム	싱그루루-무
더블룸	ダブルルーム	다브루루-부
트윈룸	ツインルーム	쯔인루-무
프런트	フロント	후론토
카운터	カウンター	카운타-
로비	ロビー	로비-
키, 열쇠	キー	키-

(1) 호텔 관련 어휘

냉난방 포함	冷暖房付き	레-담보-쯔키
목욕탕이 딸려 있음	風呂付き	후로쯔키
목욕탕이 없음	風呂なし	후로나시
식사 포함	食事付き	쇼꾸지쯔키
아침포함	朝食付き	쵸-쇼꾸쯔키
전 식사 포함	全食付き	젠쇼꾸쯔키
서명	署名	쇼메이
숙박료	宿泊代	슈쿠하꾸다이

(2) 호텔 이용

온천	温泉	온센
노천온천	露天風呂	로템부로
사우나	サウナ	사우나
수영장	プール	푸-루
욕조	湯船	유부네

타월	タオル	타오루
룸서비스	ルームサービス	루-무사-비스
모닝콜	モーニングコール	모-닝구코-루
세탁서비스	ランドリーサービス	란도리-사-비스
종업원	従業員 (じゅうぎょういん)	쥬-교-잉
지배인	支配人 (しはいにん)	시하이닝
벨보이	ベルボーイ	베루보-이
연회장	宴会場 (えんかいじょう)	엥카이죠-
카바레	キャバレー	캬바레-
바(bar)	バー	바-
칵테일바	カクテルバー	카꾸테루바-
커피숍	コーヒーショップ	코-히-숍뿌
팁	チップ	칩뿌
서비스료	サービス料 (りょう)	사-비스료-

(1) 호텔 관련 어휘

계산서	計算書 (けいさんしょ)	케-산쇼
이용 요금	利用料金 (りようりょうきん)	리요-료-킹
금액	金額 (きんがく)	킹가꾸
무료	無料 (むりょう)	무료-
유료	有料 (ゆうりょう)	유-료-
마사지	マッサージ	맛사-지

2. 관광

(1) 일본의 행정 구역

도도부현	都道府県	토도-후켕
홋카이도	北海道	홋카이도-
혼슈	本州	혼슈-
도호쿠지방	東北地方	토-호꾸치호-
관동지방	関東地方	칸토-치호-
주부지방	中部地方	츄-부치호-
긴키지방	近畿地方	킹키치호-
주고쿠지방	中国地方	츄-고꾸치호-
시코쿠	四国	시코쿠
규슈	九州	큐-슈-
삿포로	札幌	삽뽀로

(2) 관광

아오모리현	青森県 (あおもりけん)	아오모리켕
아오모리	青森 (あおもり)	아오모리
이와테현	岩手県 (いわてけん)	이와테켕
모리오카	盛岡 (もりおか)	모리오카
미야기현	宮城県 (みやぎけん)	미야기켕
센다이	仙台 (せんだい)	센다이
아키타현	秋田県 (あきたけん)	아키타켕
아키타	秋田 (あきた)	아키타
야마가타현	山形県 (やまがたけん)	야마가타켕
야마가타	山形 (やまがた)	야마가타
후쿠시마현	福島県 (ふくしまけん)	후쿠시마켕
후쿠시마	福島 (ふくしま)	후쿠시마
이바라키현	茨城県 (いばらきけん)	이바라키켕
미토	水戸 (みと)	미토

토치기현	栃木県 (とちぎけん)	토치기켕
우쓰노미야	宇都宮 (うつのみや)	우쯔노미야
군마현	群馬県 (ぐんまけん)	굼마켕
마에바시	前橋 (まえばし)	마에바시
사이타마현	埼玉県 (さいたまけん)	사이타마켕
우라와	浦和 (うらわ)	우라와
지바현	千葉県 (ちばけん)	치바켕
지바	千葉 (ちば)	치바
도쿄도	東京都 (とうきょうと)	도-쿄-토
도쿄	東京 (とうきょう)	도-쿄
가나가와현	神奈川県 (かながわけん)	카나가와켕
요코하마	横浜 (よこはま)	요코하마
니가타현	新潟県 (にいがたけん)	니-가타켕
니가타	新潟 (にいがた)	니-가타

(2) 관광

도야마현	富山県(とやまけん)	토야마켕
도야마	富山(とやま)	토야마
이시카와현	石川県(いしかわけん)	이시카와켕
가나자와	金沢(かなざわ)	카나자와
후쿠이현	福井県(ふくいけん)	후쿠이켕
후쿠이	福井(ふくい)	후쿠이
야마나시현	山梨県(やまなしけん)	야마나시켕
고후	甲府(こうふ)	코-후
나가노현	長野県(ながのけん)	나가노켕
나가노	長野(ながの)	나가노
기후현	岐阜県(ぎふけん)	기후켕
기후	岐阜(ぎふ)	기후
시즈오카	静岡県(しずおかけん)	시즈오카켕
시즈오카	静岡(しずおか)	시즈오카

아이치현	愛知県 （あいちけん）	아이치켕
나고야	名古屋 （なごや）	나고야
미에현	三重県 （みえけん）	미에켕
쓰	津 （つ）	쯔
시가현	滋賀県 （しがけん）	시가켕
오쓰	大津 （おおつ）	오-쯔
교토부	京都府 （きょうとふ）	쿄-토후
교토	京都 （きょうと）	쿄-토
오사카부	大阪府 （おおさかふ）	오-사카후
오사카	大阪 （おおさか）	오-사카
효고현	兵庫県 （ひょうごけん）	효-고켕
고베	神戸 （こうべ）	코-베
나라현	奈良県 （ならけん）	나라켕
나라	奈良 （なら）	나라

(2) 관광

와카야마현	和歌山県(わかやまけん)	와카야마켕
와카야마	和歌山(わかやま)	와카야마
돗토리현	鳥取県(とっとりけん)	톳토리켕
돗토리	鳥取(とっとり)	톳토리
시마네현	島根県(しまねけん)	시마네켕
마쓰에	松江(まつえ)	마쯔에
오카야마현	岡山県(おかやまけん)	오카야마켕
오카야마	岡山(おかやま)	오카야마
히로시마현	広島県(ひろしまけん)	히로시마켕
히로시마	広島(ひろしま)	히로시마
야마구치현	山口県(やまぐちけん)	야마구치켕
야마구치	山口(やまぐち)	야마구치
도쿠시마현	徳島県(とくしまけん)	토쿠시마켕
도쿠시마	徳島(とくしま)	토쿠시마

가가와현	香川県 (かがわけん)	카가와켕
다카마쓰	高松 (たかまつ)	다카마쯔
에히메현	愛媛県 (えひめけん)	에히메켕
마쓰야마	松山 (まつやま)	마쯔야마
코치현	高知県 (こうちけん)	코-치켕
코치	高知 (こうち)	코-치
후쿠오카현	福岡県 (ふくおかけん)	후쿠오카켕
후쿠오카	福岡 (ふくおか)	후쿠오카
사가현	佐賀県 (さがけん)	사가켕
사가	佐賀 (さが)	사가
나가사키현	長崎県 (ながさきけん)	나가사키켕
나가사키	長崎 (ながさき)	나가사키
구마모토현	熊本県 (くまもとけん)	쿠마모토켕
구마모토	熊本 (くまもと)	쿠마모토

(2) 관광

오이타현	大分県 (おおいたけん)	오-이타켕
오이타	大分 (おおいた)	오-이타
미야자키현	宮崎県 (みやざきけん)	미야자키켕
미야자키	宮崎 (みやざき)	미야자키
가고시마현	鹿児島県 (かごしまけん)	카고시마켕
가고시마	鹿児島 (かごしま)	카고시마
오키나와현	沖縄県 (おきなわけん)	오키나와켕
나하	那覇 (なは)	나하

(2) 주요 강과 산, 명승지

아사쿠사	浅草 (あさくさ)	아사쿠사
센소지	浅草寺 (せんそうじ)	센소-지
메이지신궁	明治神宮 (めいじじんぐう)	메-지진구-
기요미즈테라	清水寺 (きよみずてら)	키요미즈테라
금각사	金閣寺 (きんかくじ)	킹카꾸지

은각사	銀閣寺(ぎんかくじ)	깅카꾸지
료안지	竜安寺(りょうあんじ)	료-안지
닛코	日光(にっこう)	닛꼬-
도쇼구	東照宮(とうしょうぐう)	토-쇼-구-
오사카성	大阪城(おおさかじょう)	오-사카죠-
나고야성	名古屋城(なごやじょう)	나고야죠-
가마쿠라	鎌倉(かまくら)	카마쿠라
하우스텐보스	ハウステンボス	하우스템보스
하코네	箱根(はこね)	하코네
오다와라성	小田原城(おだわらじょう)	오다와라죠-
마쓰시마	松島(まつしま)	마쯔시마
오타루	小樽(おたる)	오타루
하코다테	函館(はこだて)	하코다테
후지산	富士山(ふじさん)	후지상

(2) 관광

아소산	阿蘇山 (あそさん)	아소산
도쿄만	東京湾 (とうきょうわん)	토-쿄-완
이즈반도	伊豆半島 (いずはんとう)	이즈한토-
도쿄타워	東京タワー (とうきょう)	토-쿄-타와-

(3) 관광 용어

관광객	観光客 (かんこうきゃく)	캉코-캬꾸
여행자	旅行者 (りょこうしゃ)	료코-샤
공동운항편	コードシェア便 (びん)	코-도셰아빙
바우처	バウチャー	바우챠-
워킹홀리데이	ワーキングホリデー	와-킹구호리데-
패키지 투어	パッケージツアー	팍케-지쯔아-
패키지 투어	パック旅行 (りょこう)	팍크료코-
해외여행보험	海外旅行保険 (かいがいりょこうほけん)	카이가이료코-호켕
서머 타임	サマータイム	사마-타이무

168

요금	チャージ	챠-지
보증금	デポジット	데포짓또
보증금	保証金(ほしょうきん)	호쇼-킹
입국심사	入国審査(にゅうこくしんさ)	뉴-코꾸신사
출입국심사	イミグレーション	이미그레-숀
뷔페	バイキング	바이킹구

(4) 안내문·경고문

간판	看板(かんばん)	캄방
남성용	男子用(だんしよう)	단시요-
여성용	女子用(じょしよう)	죠시요-
화장실	トイレ	토이레
당기다	引(ひ)く	히꾸
밀다, 누르다	押(お)す	오스
자동문	自動(じどう)ドア	지도-도아

(2) 관광

비상구	非常口 (ひじょうぐち)	히죠-구찌
비어 있음	空き (あき)	아키
사용중	使用中 (しようちゅう)	시요-츄
안내소	案内所 (あんないじょ)	안나이죠
입구	入り口 (いりぐち)	이리구찌
출구	出口 (でぐち)	데구찌
취급주의	取り扱い注意 (とりあつかいちゅうい)	토리아쯔카이츄-이
주차 금지	駐車禁止 (ちゅうしゃきんし)	츄-샤킨시
촬영 금지	撮影禁止 (さつえいきんし)	사쯔에-킨시
추월 금지	追い越し禁止 (おいこしきんし)	오이코시킨시
출입 금지	立ち入り禁止 (たちいりきんし)	타치이리킨시
통행금지	通行止め (つうこうどめ)	쯔-코-도메
멈춤	止まれ (とまれ)	토마레
위험	危険 (きけん)	키켕

금연	禁煙(きんえん)	킹엔
정숙	静粛(せいしゅく)	세이슈꾸
착석	着席(ちゃくせき)	착세끼
어서 오세요	いらっしゃいませ。	이랏샤이마세
걸으면서 흡연 금지	歩(ある)きタバコ禁止(きんし)	아루키타바코킨시
발밑 주의	足元注意(あしもとちゅうい)	아시모토 츄-이
쓰레기 투기 금지	ぽい捨(す)て禁止(きんし)	포이스떼킨시
관계자외 출입금지	関係者外立(かんけいしゃがいた)ち入(い)り禁止(きんし)	캉케이샤가이 타치이리킨시
들어가지 마세요	入(はい)らないでください。	하이라나이데 쿠다사이
버리지 마세요	捨(す)てないでください。	스테나이데 쿠다사이
만지지 마세요	触(さわ)らないでください。	사와라나이데 쿠다사이
안전벨트를 매세요	シートベルトをお締(し)めください。 시-토베루토오 오시메 쿠다사이	

그림으로 배우는 단어　**객실**

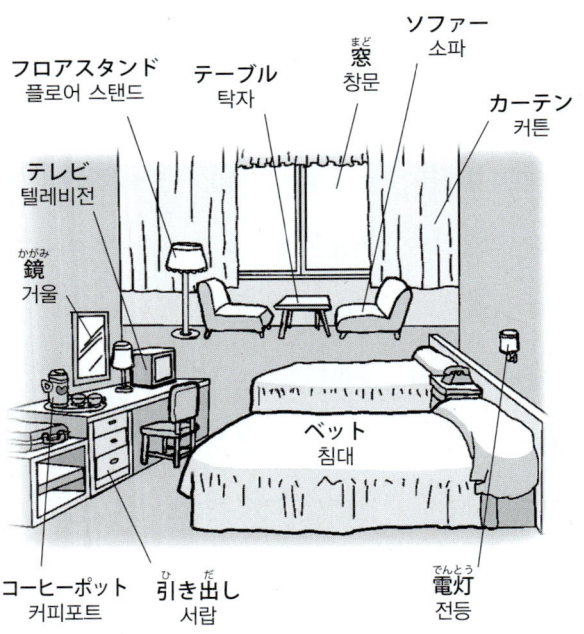

쇼핑

1. 쇼핑 관련 어휘
   (1) 상점의 종류
   (2) 쇼핑 용어
2. 옷·액세서리
   (1) 옷
   (2) 액세서리

japanese

1. 쇼핑 관련 어휘

(1) 상점의 종류

상가	商店街 (しょうてんがい)	쇼-텡가이
상점	店 (みせ)	미세
매장	売り場 (うりば)	우리바
골동품점	骨董品屋 (こっとうひんや)	콧또-힝야
구둣가게	靴屋 (くつや)	쿠쯔야
과일가게	果物屋 (くだものや)	쿠다모노야
꽃가게	花屋 (はなや)	하나야
매점	売店 (ばいてん)	바이텡
면세점	免税店 (めんぜいてん)	멘제-뗑
백화점	デパート	데파-토
백화점	百貨店 (ひゃっかてん)	햐ㄱ까뗑

문방구	文房具(ぶんぼうぐ)	분보-구
슈퍼마켓	スーパーマーケット	스-파-마-켓또
편의점	コンビニエンスストア	콤비니엔스스토아
양품점	洋品店(ようひんてん)	요-힝텡
시장	市場(いちば)	이찌바
서점	本屋(ほんや)	홍야
택배서비스	宅配便(たくはいびん)	타쿠하이빙
100엔숍	100円ショップ(ひゃくえん)	햐꾸엔숍뿌
통신판매	通信販売(つうしんはんばい)	쯔-신함바이

(2) 쇼핑 용어

쇼핑	買い物(かもの)	카이모노
점원	店員(てんいん)	텡잉
상인	商人(しょうにん)	쇼-닝
손님	お客(きゃく)さん	오캬꾸상

(1) 쇼핑 관련 어휘

공짜	ただ	타다
비싸다	高(たか)い	타카이
싸다	安(やす)い	야쓰이
할인	割引(わりびき)	와리비끼
반값	半額(はんがく)	항가꾸
할부	分割払(ぶんかつばら)い	붕카쯔바라이
견본, 샘플	見本(みほん), サンプル	미홍, 삼푸루
고르다	選(えら)ぶ	에라부
팔다	売(う)る	우루
팔리다	売(う)れる	우레루
판매	販売(はんばい)	함바이
따로따로	別々(べつべつ)に	베쯔베쯔니
세트	セット	셋또
꽉 끼다	きつい	키쯔이

느슨하다	ゆるい	유루이
딱 맞는	ぴったりな	핏따리나
맘에 들다	気に入る	키니이루
보다 작다	より小さい	요리치이사이
보다 크다	より大きい	요리오-키이
사이즈, 크기	サイズ	사이즈
탈의실	試着室	시챠쿠시쯔
어울리다	似合う	니아우
유행	流行, 流行	하야리, 류-코-
구입하다	購入する	코-뉴-스루
사다	買う	카우
지불하다	支払う	시하라우
소비세	消費税	쇼-히제이
세금 포함	税込み	제이코미

(1) 쇼핑 관련 어휘

수표	小切手 (こぎって)	코깃떼
영수증	領収書 (りょうしゅうしょ)	료-슈-쇼
현금	現金 (げんきん)	겡낑
캐시, 현금	キャッシュ	캬앗슈
신용 카드	クレジットカード	크레짓또카-도
지폐	札 (さつ)	사쯔
동전	小銭 (こぜに)	코제니
거스름돈	おつり	오쯔리
거스름돈	つりせん	쯔리센
깎아주다	負ける (まける)	마케루
취급설명서	取り扱い (とりあつかい)	토리아쯔카이
설명서	説明書 (せつめいしょ)	세쯔메-쇼
사용법	使い方 (つかいかた)	쯔카이카따
진짜	本物 (ほんもの)	홈모노

가짜	偽物(にせもの)	니세모노
값어치	値打ち(ねうち)	네우치
깨어지기 쉬운	壊れやすい(こわ)	코와레야쓰이
단골 가게	おなじみの店(みせ)	오나지미노 미세
도착하다, 배달되다	届く(とど)	토도쿠
개점	開店(かいてん)	카이뗑
폐점	閉店(へいてん)	헤-뗑
필요하다	必要だ(ひつよう)	히쯔요-다
합치다	合わせる(あ)	아와세루
교환	交換(こうかん)	코-캉
환불	払い戻し(はら もど)	하라이모도시
종이봉투	紙袋(かみぶくろ)	카미부쿠로
비닐봉지	ビニール袋(ぶくろ)	비니-루부쿠로
포장	包装(ほうそう)	호-소-

제9장 쇼핑

179

2. 옷 · 액세서리

(1) 옷

옷	服	후꾸
복장	服装	후꾸소-
옷, 의복	着物	키모노
일본옷	和服	와후꾸
신사복	紳士服	신시후꾸
실내복	部屋着	헤야기
아동복	子供服	코도모후꾸
평상복	普段着	후당기
상의	上着	우와기
재킷	ジャケット	쟈켓또
코트	コート	코-또

슈트	スーツ	스-쯔
셔츠	シャツ	샤쯔
와이셔츠	ワイシャツ	와이샤쯔
블라우스	ブラウス	부라우스
깃, 칼라	襟 (えり)	에리
소매	袖 (そで)	소데
긴소매	長袖 (ながそで)	나가소데
반소매	半袖 (はんそで)	한소데
옷자락	裾 (すそ)	스소
조끼	ベスト	베스토
스웨터	セーター	세-타-
바지	ズボン	즈봉
팬츠, 바지	パンツ	판쯔
청바지	ジーパン	지-팡

(2) 옷·액세서리

반바지	半(はん)ズボン	한즈봉
스커트	スカート	스카-또
원피스	ワンピース	왐피-쓰
투피스	ツーピース	쯔-피-쓰
드레스	ドレス	도레스
모피	毛皮(けがわ)	케가와
부인복	婦人服(ふじんふく)	후진후꾸
속옷, 내의	下着(したぎ)	시타기
슬립	スリップ	스립뿌
잠옷	寝巻(ねま)き	네마키
파자마	パジャマ	파쟈마
양말	靴下(くつした)	쿠쯔시타
비옷	レインコート	레잉코-또
수영복	水着(みずぎ)	미즈기

(2) 액세서리

액세서리	アクセサリー	아꾸세사리-
선글라스	サングラス	상그라쓰
안경	眼鏡(めがね)	메가네
렌즈	レンズ	렌즈
콘택트렌즈	コンタクトレンズ	콘타꾸토렌즈
손수건	ハンカチ	항카치
스카프	スカーフ	스카-후
스타킹	ストッキング	스톡킹구
장갑	手袋(てぶくろ)	테부꾸로
지갑	財布(さいふ)	사이후
커프스	カフス	카후스
넥타이	ネクタイ	네꾸타이
모자	帽子(ぼうし)	보-시

(2) 옷·액세서리

목도리, 머플러	襟巻き	에리마키
머플러	マフラー	마후라-
반지	指輪	유비와
귀고리	イヤリング	이야링구
목걸이	ネックレス	넥크레쓰
팔찌	ブレスレット	브레쓰렛또
손목시계	腕時計	우데도케이
머리핀	ヘアピン	헤아핀
벨트	ベルト	베루또
허리에 두르는 띠	帯	오비
스트랩	ストラップ	스토랍뿌
가방	かばん	카방
핸드백	ハンドバッグ	한도박꾸
주머니	ポケット	포켓또

게다	下駄(げた)	게따
일본식 짚신	ぞうり	조-리
구두	靴(くつ)	쿠쯔
구두끈	靴紐(くつひも)	쿠쯔히모
부츠	ブーツ	부-쯔
샌들	サンダル	산다루
슬리퍼	スリッパ	스립빠
운동화	運動靴(うんどうぐつ)	운도-구쯔
스니커스	スニーカー	스니-카-

그림으로 배우는 단어 **액세서리**

かばん 가방
財布 지갑
陶磁器 도자기
スカーフ 스카프
ベルト 벨트
ネクタイ 넥타이
化粧品 화장품
指輪 반지
ネックレス 목걸이

10

스포츠 · 취미

1. 스포츠
   (1) 스포츠 종류
   (2) 운동 경기
2. 취미
3. 예술
   (1) 악기
   (2) 기타

japanese

1. 스포츠

(1) 스포츠 종류

스포츠	スポーツ	스포-쯔
운동	運動	운도-
체육	体育	타이이꾸
농구	バスケットボール	바스켓또보-루
야구	野球	야큐-
축구	サッカー	삭까-
배구	バレーボール	바레-보-루
골프	ゴルフ	고루후
당구	ビリヤード	비리야-도
당구	玉突き	타마쯔키
럭비	ラグビー	라구비-

188

볼링	ボウリング	보-링구
탁구	ピンポン	핌퐁
테니스	テニス	테니쓰
배드민턴	バドミントン	바도민톤
레슬링	レスリング	레스링구
유도	柔道(じゅうどう)	쥬-도-
태권도	テクォンド	테꾸온도
복싱	ボクシング	복싱구
킥복싱	キックボクシング	킥꾸복싱구
검도	剣道(けんどう)	켄도-
펜싱	フェンシング	휀싱구
체조	体操(たいそう)	타이소-
하이킹	ハイキング	하이킹구
육상	陸上(りくじょう)	리꾸죠-

(1) 스포츠

마라톤	マラソン	마라송
양궁	アーチェリー	아-체리-
사격	射撃(しゃげき)	샤게끼
사이클	サイクル	싸이크루
승마	乗馬(じょうば)	죠-바
경마	競馬(けいば)	케-바
카누	カヌー	카누-
조정	漕艇(そうてい)	소-테이
수영	水泳(すいえい)	스이에-
스모	相撲(すもう)	스모-
스케이트	スケート	스케-또
스키	スキー	스키-
스노보드	スノーボード	스노-보-도
봅슬레이	ボブスレー	봅부스레-

(2) 운동 경기

스포츠 선수	アスリート	아스리-토
코트	コート	코-토
포지션	ポジション	포지숀
유니폼	ユニフォーム	유니호-무
선수	プレーヤー	프레-야-
코치	コーチ	코-치
감독	監督(かんとく)	칸토꾸
트레이너	トレーナー	토레-나-
시합, 경기	試合(しあい)	시아이
제한시간	制限時間(せいげんじかん)	세-겐지캉
득점	得点(とくてん)	토꾸텐
센터서클	センターサークル	센타-사-쿠루
중앙선	センターライン	센타-라인

191

(1) 스포츠

터치라인	タッチライン	탓치라인
골라인	ゴールライン	고-루라인
페널티구역	ペナルティエリア	페나루티에리아
콜드게임	コールドゲーム	코-루도게-무
무승부	引き分け (ひきわけ)	히키와케
연장전	延長戦 (えんちょうせん)	엔쵸-센
옐로카드	イエローカード	이에로-카-도
레드카드	レッドカード	렛도카-도
핸들링	ハンドリング	한도링구
골	ゴール	고-루
인터셉트	インターセプト	인타-세프토
오프사이드	オフサイド	오후사이도
파울	ファウル	화우루
프리킥	フリーキック	후리-킥꾸

페널티킥	ペナルティーキック	페나루티-킥꾸
스로인	スローイン	스로-인
골킥	ゴールキック	고-루킥꾸
코너킥	コーナーキック	코-나-킥꾸
헤딩	ヘディング	헤딩구
슛	シュート	슈-또
드리블	ドリブル	도리부르
패스	パス	파스
속임수	フェイント	훼인토
수비수	ディフェンダー	디휀다-
공격수	フォワード	호와-도
골키퍼	ゴールキーパー	고-루키-파-
스트라이커	ストライカー	스토라이카-
서브	サーブ	사-브

(1) 스포츠

토스	トス	토스
리시브	レシーブ	레시-브
스파이크	スパイク	스파이크
어택, 공격	アタック	아타꾸
블로킹	ブロッキング	브록킹구
타임아웃	タイムアウト	타이무아우또
세트	セット	셋또
매치	マッチ	맛치
서브권	サーブ権(けん)	사-브켄
랠리포인트제	ラリーポイント制(せい)	라리-포인토세-
듀스	デュース	듀-스
규칙	ルール	루-르
반칙	反則(はんそく)	한소꾸
퇴장	退場(たいじょう)	타이죠-

2. 취미

취미	趣味 しゅみ	슈미
여가	余暇 よか	요카
그림	絵 え	에
(그림을) 그리다	描く えがく	에가꾸
노래	歌 うた	우타
노래방	カラオケ	가라오케
꽃꽂이	生け花 いけばな	이케바나
낚시	釣り つり	쯔리
다도	茶道 さどう	사도-
독서	読書 どくしょ	도꾸쇼
드라이브	ドライブ	도라이브
등산	山登り やまのぼり	야마노보리

(2) 취미

뜨개질	編み物 (あみもの)	아미모노
바둑	囲碁 (いご)	이고
사진	写真 (しゃしん)	샤싱
서예	書道 (しょどう)	쇼도-
수집	収集 (しゅうしゅう)	슈-슈-
여행	旅行 (りょこう)	료코-
배낭여행	バックパッキング	박꾸팍킹구
자원봉사	ボランティア	보란티아
외국어	外国語 (がいこくご)	가이코꾸고
요가	ヨガ	요가
조깅	ジョギング	죠깅구
줄넘기	縄跳び (なわとび)	나와토비
음악감상	音楽鑑賞 (おんがくかんしょう)	옹가꾸칸쇼-
보드게임	ボードゲーム	보-도게-무

3. 예술

(1) 악기

악기	楽器(がっき)	각끼
오케스트라	オーケストラ	오-케스토라
피아노	ピアノ	피아노
오르간	オルガン	오르간
바이올린	バイオリン	바이오린
첼로	チェロ	체로
콘트라베이스	コントラバス	콘토라바스
비올라	ビオラ	비오라
플루트	フルート	후루-또
오보에	オーボエ	오-보에
클라리넷	クラリネット	크라리넷또

(3) 예술

트럼펫	トランペット	토람펫또
트롬본	トロンボーン	토롬보온
색소폰	サクソフォーン	사꾸소호온
호른	ホルン	호른
나팔	ラッパ	랍빠
실로폰	シロホン	시로혼
팀파니	チンパニ	침파니
북	太鼓(たいこ)	타이코
트라이앵글	トライアングル	토라이앙그루
캐스터네츠	カスタネット	카스타넷또
심벌즈	シンバル	심바루
리코더	リコーダー	리코-다-
피리	縦笛(たてぶえ), 笛(ふえ)	타테부에, 후에
샤미센	三味線(しゃみせん)	샤미센

하프	ハープ	하-프
하모니카	ハーモニカ	하-모니카
드럼	ドラム	도라무
기타	ギター	기타-
베이스	ベース	베-스
키보드	キーボード	키-보-도
지휘	指揮(しき)	시키

(2) 기타

음악	音楽(おんがく)	옹가꾸
미술	美術(びじゅつ)	비쥬쯔
예술	芸術(げいじゅつ)	게-쥬쯔
클래식	クラシック	크라식꾸
팝	ポップ	폽뿌
재즈	ジャズ	쟈즈

(3) 예술

힙합	ヒップホップ	힙뿌홉뿌
랩	ラップ	랍뿌
대중가요	J-ポップ	제-폽뿌
트로트	演歌(えんか)	엥카
춤	踊(おど)り	오도리
댄스	ダンス	단스
공연	公演(こうえん)	코-엥
연극, 연기	芝居(しばい)	시바이
연극	演劇(えんげき)	엥게끼
무대극	舞台劇(ぶたいげき)	부타이게끼
가부키	歌舞伎(かぶき)	카부키
분라쿠	文楽(ぶんらく)	분라꾸
뮤지컬	ミュージカル	뮤-지카루
오페라	オペラ	오페라

발레	バレー	바레-
연주회	演奏会	엔소-까이
음악회	音楽会	옹가꾸카이
라이브	ライブ	라이브
전시회	展示会	텐지카이
관람	観覧	칸람
관객	観客	캉캬꾸-
막	幕	마꾸
영화	映画	에-가
극장	劇場	게끼쵸-
상영	上映	죠-에이
입장권	入場券	뉴-죠-켕
팸플릿	パンフレット	팜후렛또
커튼콜	カーテンコール	카-텡코-루

그림으로 배우는 단어 운동 경기

11

식당 · 식사 · 요리

1. 식당 · 식사 관련 어휘
   (1) 식당 · 식사 관련 어휘
   (2) 음료
   (3) 술 · 안주
   (4) 맛에 대한 표현

2. 음식 · 요리 관련 어휘
   (1) 패스트푸드
   (2) 양식 · 일식 · 한식 · 중식 · 기타
   (3) 조리법 · 조미료

3. 먹을 거리 · 재료
   (1) 채소 · 곡물
   (2) 육류 · 유제품
   (3) 어패류
   (4) 과일

japanese

1. 식당 · 식사 관련 어휘

(1) 식당 · 식사 관련 어휘

식당	食堂 (しょくどう)	쇼꾸도-
카페	カフェ	카훼
커피숍	喫茶店 (きっさてん)	킷사뗑
레스토랑	レストラン	레스토랑
패밀리 레스토랑	ファミリーレストラン	화미리-레스토랑
메밀국수집	そば屋 (や)	소바야
초밥집	寿司屋 (すしや)	스시야
노점	露店 (ろてん)	로뗑
노점상	屋台 (やたい)	야타이
배달	出前 (でまえ)	데마에
요리점	料理店 (りょうりてん)	료-리뗑

일식집	和食屋 (わしょくや)	와쇼꾸야
선술집	居酒屋 (いざかや)	이자카야
라면집	ラーメン屋 (や)	라-멩야
메뉴, 차림	メニュー	메뉴-
식단, 메뉴	献立 (こんだて)	콘다테
가벼운 식사	軽食 (けいしょく)	케-쇼꾸
디저트	デザート	데자-또
1인분	一人前 (いちにんまえ)	이찌님마에
곱빼기	大盛り (おおもり)	오-모리
하나 더 추가	お代わり (かわり)	오카와리
예약석	予約席 (よやくせき)	요야꾸세키
추천요리	お進め料理 (すすめりょうり)	오쓰쓰메료-리
진미	珍味 (ちんみ)	침미
일품요리	一品料理 (いっぴんりょうり)	입삔료-리

(1) 식당·식사 관련 어휘

명물요리	名物料理	메-부쯔료-리
아침식사	朝食	쵸-쇼꾸
아침밥	朝ご飯	아사고항
점심식사	昼ご飯	히루고항
저녁식사	夕食	유-쇼꾸
저녁밥	晩ご飯	방고항
주문	注文	츄-몽
값이 싸게 먹힘	安上がり	야스아가리
과식	食べ過ぎ	타베스기
군침이 돌다	よだれが出る	요다레가 데루
면류	麺類	멘루이
목이 마르다	喉が渇く	노도가 카와꾸
배가 고프다	お腹がすく	오나카가 스꾸
배가 부르다	お腹が一杯だ	오나카가 입빠이다

서비스료 포함	サービス料込み	사-비스료-코미
셀프서비스	セルフサービス	세루후사-비스
식사	食事	쇼꾸지
식사값	食事代	쇼꾸지다이
계산	お勘定	오칸죠-
선불	前払い	마에바라이
후불	後払い	아또바라이
숟가락	スプーン	스푸-운
젓가락	箸	하시
포크	フォーク	호-쿠
칼	ナイフ	나이후
쟁반	お盆	오봉
접시	皿	사라
컵	カップ, コップ	캅뿌, 콥뿌

207

(1) 식당 · 식사 관련 어휘

(2) 음료

냉수	お冷や, お水	오히야, 오미즈
뜨거운 물	お湯	오유
미네랄워터	ミネラルウォーター	미네라루우오-타-
커피	コーヒー	코-히-
아이스커피	アイスコーヒー	아이스코-히-
콜라	コーラ	코-라
사이다	サイダー	사이다-
멜론소다	メロンソーダ	메론소-다
진저에일	ジンジャーエール	진쟈-에-루
밀크티	ミルクティー	미루꾸티-
주스	ジュース	쥬-스
녹차	お茶	오챠
홍차	紅茶	코-챠

현미차	玄米茶(げんまいちゃ)	겜마이챠
우롱차	ウーロン茶(ちゃ)	우-롱챠

(3) 술·안주

술	お酒(さけ)	오사케
맥주	ビール	비-루
생맥주	生(なま)ビール	나마비-루
캔맥주	缶(かん)ビール	캄비루
브랜디	ブランデー	부란데-
샴페인	シャンペン	샴펭
샴페인	シャンパン	샴팡
소주	焼酎(しょうちゅう)	쇼-츄-
와인	ワイン	와인
위스키	ウイスキー	우이스키-
코냑	コニャック	코냑쿠

(1) 식당·식사 관련 어휘

청주, 정종	日本酒 (にほんしゅ)	니혼슈
포도주	葡萄酒 (ぶどうしゅ)	부도-슈
술에 물을 섞은 것	水割り (みずわり)	미즈와리
매실주	梅酒 (うめしゅ)	우메슈
칵테일	カクテル	카쿠테루
마른안주	つまみ	쯔마미
풋콩	枝豆 (えだまめ)	에다마메
곁들임 안주	突き出し (つきだし)	쯔키다시
요리된 술안주	酒のさかな (さけ)	사케노사카나
문어와사비	たこわさび	타코와사비
말린 오징어	スルメ	스루메
땅콩	ピーナッツ	피-낫쯔
육포	ビーフジャーキー	비-후쟈-키-
살라미 소시지	サラミ	사라미

(4) 맛에 대한 표현

맛	味 (あじ)	아지
냄새	匂い (におい)	니오이
맛을 보다	味見をする (あじみ)	아지미오 쓰루
간을 보다	塩加減をみる (しおかげん)	시오카겡오 미루
맛있다	おいしい	오이시이
맛있다	うまい	우마이
맛없다	まずい	마즈이
맛있을 것 같다	おいしそうだ	오이시소-다
기름지다, 느끼하다	油っこい (あぶら)	아부락꼬이
달다	甘い (あま)	아마이
담백한	さっぱりした	삽빠리시타
떫다	渋い (しぶ)	시부이
맵다	辛い (から)	카라이

(1) 식당·식사 관련 어휘

얼얼하다	ぴりぴりする	피리피리쓰루
짜다	塩からい	시오카라이
짜다	塩っぱい	숍빠이
간간하다	塩気がきく	시오케가 키꾸
시다	酸っぱい	습빠이
쓰다	苦い	니가이
비린내가 나다	生臭い	나마구사이
새콤달콤하다	甘酸っぱい	아마즙빠이
싱겁다, 묽다	水っぽい	미즙뽀이
싱겁다, 밍밍하다	味が薄い	아지가 우쓰이
쫄깃쫄깃하다	歯ごたえがある	하고타에가 아루
퍼석퍼석하다	ばさばさする	바사바사쓰루
걸쭉하다	とろりとした	토로리토시타

2. 음식 · 요리 관련 어휘

(1) 패스트푸드

패스트푸드	ファーストフード	화-스토후-도
피자	ピザ	피자
치킨	チキン	치킨
햄버거	ハンバーガー	함바-가-
샌드위치	サンドイッチ	산도잇치
감자튀김	フレンチフライ	후렌치후라이
팝콘	ポップコーン	포뿌코온
컵라면	カップラーメン	캅뿌라-멘
토스트	トースト	토-스토
도넛	ドーナツ	도-나쯔
핫도그	ホットドック	홋또독꾸

(2) 음식·요리 관련 어휘

샌드위치	サンドイッチ	산도잇치
주먹밥	おにぎり	오니기리

(2) 양식·일식·한식·중식·기타

음식	食べ物	타베모노
요리	料理	료-리
일본 요리	日本料理	니혼료-리
	和食	와쇼꾸
중국 요리	中華料理	츄-카료-리
한국 요리	韓国料理	캉코꾸료-리
서양 요리	洋食	요-쇼꾸
비프스테이크	ビーフステーキ	비-후스테-끼
스테이크	ステーキ	스테-끼
스파게티	スパゲッティ	스파겟띠
파스타	パスター	파스타-

빵	パン	팡
샐러드	サラダ	사라다
수프	スープ	스-푸
돈까스	豚カツ(とん)	통카쯔
샤브샤브	しゃぶしゃぶ	샤부샤부
덮밥	どんぶり	돔부리
쇠고기 덮밥	牛丼(ぎゅうどん)	규-동
튀김 덮밥	天丼(てんどん)	텐동
정식	定食(ていしょく)	테-쇼꾸
냄비요리	鍋物(なべもの)	나베모노
라면	ラーメン	라-멩
도시락	弁当(べんとう)	벤또-
채소절임	漬物(つけもの)	쯔케모노
어묵	おでん	오뎅

(2) 음식·요리 관련 어휘

우동	うどん	우동
메밀국수	そば	소바
오코노미야키	お好み焼き	오코노미야끼
전골	すき焼き	스키야끼
주먹밥	おにぎり	오니기리
김밥	のり巻	노리마키
초무침	酢の物	스노모노
초밥	寿司	스시
생선회	刺身	사시미
모듬냄비	寄せ鍋	요세나베
밥	ご飯	고항
된장국	味噌汁	미소시루
볶음밥	焼めし	야끼메시
볶음밥	チャーハン	챠-항

볶음면	焼そば(やき)	야끼소바
불고기	焼き肉(や)(にく)	야끼니꾸
만두	餃子(ぎょうざ)	교-자
불고기	プルコギ	푸르코기
김치찌개	キムチチゲ	키무치치게
갈비	カルビ	카루비
부침개	ちぢみ	치지미
잡채	春雨(はるさめ)	하루사메
비빔밥	ビビンバ	비빔바
짬뽕	チャンポン	참뽕
마파두부	マーボー豆腐(とうふ)	마-보-토-후
춘권	春巻(はるまき)	하루마키
소룡포	ショーロンポー	쇼-롱포-
카레라이스	カレー	카레-

217

(2) 음식·요리 관련 어휘

케이크	ケーキ	케-키
통조림	缶詰め(かんづめ)	칸즈메
튀김	てんぷら	템뿌라
튀김	揚げ物(あげもの)	아게모노
간식	おやつ	오야쯔
과자	お菓子(おかし)	오카시
계란 프라이	目玉焼き(めだまやき)	메다마야끼
두부	豆腐(とうふ)	토-후
낫토	納豆(なっとう)	낫또-
반찬	おかず	오카즈
야식	夜食(やしょく)	야쇼꾸
단무지	たくあん	타꾸앙
잼	ジャム	쟈무
명란젓	明太子(めんたいこ)	멘타이코

(3) 조리법 · 조미료

강한 불	強火 (つよび)	쯔요비
중간 불	中火 (ちゅうび)	츄-비
약한 불	弱火 (よわび)	요와비
굽다	焼く (やく)	야꾸
끓이다	沸かす (わかす)	와카스
찌다	蒸す (むす)	무쓰
튀기다	揚げる (あげる)	아게루
데우다	温める (あたためる)	아타타메루
데치다, 삶다	茹でる, ゆがく (ゆでる)	유데루, 유가꾸
삶다, 끓이다	煮る (にる)	니루
볶다	炒める (いためる)	이타메루
국물을 내다	出しを取る (だしをとる)	다시오 토루
(껍질을) 벗기다	剥く (むく)	무꾸

(2) 음식 · 요리 관련 어휘

섞다	混ぜる	마제루
잘게 썰다	刻む	키자무
녹이다	溶かす	토카스
식히다	冷やす	히야스
넣다	入れる	이레루
물에 담가두다	水に漬けておく	미즈니 츠께테오쿠
밥을 짓다	ご飯を炊く	고항오 타꾸
뿌리다, 곁들이다	掛ける	카께루
요리를 만들다	料理を作る	료-리오 쯔쿠루
재료	材料	자이료-
조림	煮物	니모노
차갑게 해두다	冷やしておく	히야시떼오쿠
스며들다, 배어들다	染み込む	시미코무
타다	焼ける	야케루

220

부패	腐敗 (ふはい)	후하이
양념	味付け (あじつけ)	아지쯔케
조미료	調味料 (ちょうみりょう)	쵸-미료-
기름	油 (あぶら)	아부라
참기름	ごま油 (あぶら)	고마아부라
버터	バター	바타-
고추장	唐辛子味噌 (とうがらしみそ)	토-가라시미소
된장	味噌 (みそ)	미소
설탕	砂糖 (さとう)	사토-
소금	塩 (しお)	시오
식초	酢 (す)	쓰
후추	胡椒 (こしょう)	코쇼-
간장	醬油 (しょうゆ)	쇼-유
겨자	からし	카라시

(2) 음식 · 요리 관련 어휘

참깨	胡麻(ごま)	고마
마요네즈	マヨネーズ	마요네-즈
케첩	ケチャップ	케찹뿌
미림	味醂(みりん)	미림
물엿	水(みず)あめ	미즈아메
생강절임	紅生姜(べにしょうが)	베니쇼-가

3. 먹을거리 · 재료

(1) 채소 · 곡물

식료품	食料品	쇼꾸료-힝
야채, 채소	野菜	야사이
가지	茄子	나스
감자	じゃがいも	쟈가이모
고구마	さつまいも	사쯔마이모
토란	里芋	사토이모
마	長芋	나가이모
고추	唐辛子	토-가라시
고추냉이	わさび	와사비
당근	にんじん	닌징
마늘	にんにく	닌니꾸

(3) 먹을거리 · 재료

매실 장아찌	梅干(うめぼ)し	우메보시
무	大根(だいこん)	다이콩
미나리	せり	세리
배추	白菜(はくさい)	하꾸사이
버섯	茸(きのこ)	키노코
생강	生姜(しょうが)	쇼-가
시금치	ほうれんそう	호-렌소-
양배추	キャベツ	캬베쯔
양파	玉葱(たまねぎ)	타마네기
오이	胡瓜(きゅうり)	큐-리
우엉	ごぼう	고보-
인삼	朝鮮人参(ちょうせんにんじん)	쵸-센닌징
토마토	トマト	토마토
파	ネギ	네기

파슬리	パセリ	파세리
아스파라거스	アスパラガス	아스파라가스
부추	にら	니라
고야	ゴーヤ, にがうり	고야, 니가우리
밀가루	小麦粉(こむぎこ)	코무기꼬
팥	あずき	아즈키
호박	かぼちゃ	카보챠
대추	なつめ	나쯔메
호두	くるみ	쿠루미
콩, 대두	大豆(だいず)	다이즈
풋콩	枝豆(えだまめ)	에다마메
밤	栗(くり)	크리
도토리	どんぐり	동구리
땅콩	ピーナッツ	피-낫쯔

(3) 먹을거리 · 재료

쌀	<ruby>米<rt>こめ</rt></ruby>	코메
보리	<ruby>麦<rt>むぎ</rt></ruby>	무기
밀	<ruby>小麦<rt>こむぎ</rt></ruby>	코무기

(2) 육류 · 유제품

계란	<ruby>卵<rt>たまご</rt></ruby>	타마고
고기	<ruby>肉<rt>にく</rt></ruby>	니꾸
닭고기	<ruby>鶏肉<rt>とりにく</rt></ruby>	토리니꾸
돼지고기	<ruby>豚肉<rt>ぶたにく</rt></ruby>	부타니꾸
쇠고기	<ruby>牛肉<rt>ぎゅうにく</rt></ruby>	규-니꾸
소시지	ソーセージ	소-세-지
치즈	チーズ	치-즈
아이스크림	アイスクリーム	아이스크리-무
우유, 밀크	ミルク	미루꾸
우유	<ruby>牛乳<rt>ぎゅうにゅう</rt></ruby>	규-뉴-

두유	豆乳 (とうにゅう)	토-뉴-
유바	湯葉 (ゆば)	유바
유부	油揚げ (あぶらあ)	아부라아게

(3) 어패류

어패류	魚介類 (ぎょかいるい)	교카이루이
생선	魚 (さかな)	사카나
고등어	鯖 (さば)	사바
꽁치	さんま	삼마
대구	たら	타라
도미	鯛 (たい)	타이
복어	ふぐ	후구
삼치	さわら	사와라
연어	鮭 (さけ)	사케
장어	鰻 (うなぎ)	우나기

(3) 먹을거리 · 재료

참치	まぐろ	마구로
청어	にしん	니싱
농어	すずき	스즈키
정어리	いわし	이와시
가다랑어	かつお	카쯔오
전갱이	あじ	아지
새우	海老(えび)	에비
소라	さざえ	사자에
게	蟹(かに)	카니
오징어	いか	이카
문어, 낙지	たこ	타코
연어알	いくら	이쿠라
전복	鮑(あわび)	아와비
조개	貝(かい)	카이

굴	かき	카키
해삼	なまこ	나마코
김	のり	노리
미역	わかめ	와카메
다시마	昆布(こんぶ)	콤부

(4) 과일

과일	果物(くだもの)	쿠다모노
감	柿(かき)	카키
귤	みかん	미깡
딸기	苺(いちご)	이치고
레몬	レモン	레몬
바나나	バナナ	바나나
배	梨(なし)	나시
복숭아	桃(もも)	모모

(3) 먹을거리 · 재료

사과	りんご	링고
수박	すいか	스이카
파인애플	パイナップル	파이납푸루
포도	葡萄(ぶどう)	부도-
아보카도	アボカド	아보카도
그레이프프루트	グレープフルーツ	그레-프후루-쯔
오렌지	オレンジ	오렌지
망고	マンゴー	망고-
멜론	メロン	메론
유자	柚子(ゆず)	유즈
키위	キーウィ	키-위
자두	すもも	스모모
체리	さくらんぼう	사쿠람보
코코넛	ココナッツ	코코낫쯔

종교 · 신화 · 풍습

1. 종교
2. 신화 · 이야기
3. 풍습

japanese

1. 종교

종교	宗教 (しゅうきょう)	슈-쿄-
기독교	キリスト教 (きょう)	키리스토쿄-
그리스정교	ギリシア正教 (せいきょう)	기리시아세이쿄-
성공회	聖公会 (せいこうかい)	세이코-카이
가톨릭교	カトリック教 (きょう)	카토릭꾜-
불교	仏教 (ぶっきょう)	북쿄-
유교	儒教 (じゅきょう)	쥬쿄-
이슬람교	イスラム教 (きょう)	이스라무쿄-
힌두교	ヒンズー教 (きょう)	힌즈-쿄-
유대교	ユダヤ教 (きょう)	유다야쿄-
신도(일본 전통신앙)	神道 (しんとう)	신토-
신앙	信仰 (しんこう)	싱코-

무신론자	無神論者 (むしんろんじゃ)	무신론쟈
교회	教会 (きょうかい)	쿄-카이
교회당	教会堂 (きょうかいどう)	쿄-카이도-
성당	聖堂 (せいどう)	세-도-
하느님	神様 (かみさま)	카미사마
예수	イエス	이에스
마리아	マリア	마리아
목사	牧師 (ぼくし)	보꾸시
교황	教皇 (きょうこう)	쿄-코-
신부	神父 (しんぷ)	심뿌
수녀	修女 (しゅうじょ)	슈-죠
기도하다	祈る (いのる)	이노루
예배하다	礼拝する (れいはい)	레-하이쓰루
성경	聖書 (せいしょ)	세이쇼

(1) 종교

부활절	復活節（ふっかつせつ）	훗카쯔세쯔
사제	司祭（しさい）	시사이
부처	仏（ほとけ）	호토케
스님, 주지	和尚（おしょう）	오쇼-
스님	坊さん（ぼうさん）	보-상
절	寺（てら）	테라
사원	寺院（じいん）	지잉
불단	仏壇（ぶつだん）	부쯔단
달마	達磨（だるま）	다루마
불상	仏像（ぶつぞう）	부쯔조-
불경	仏経（ぶっきょう）	북쿄-
경전	経典（きょうてん）	쿄-텐
법사	法事（ほうじ）	호-지
신사	神社（じんじゃ）	진쟈

신도, 신자	信徒（しんと）	신토
라마단	ラマダン	라마단
마호메트	マホメット	마호멧토
코란	コーラン	코-란
랍비	ラビ	라비
탈무드	タルムード	타르무-도
공자	孔子（くじ）	쿠지
맹자	猛者（もさ）	모사
사당	祠堂（しどう）	시도-
인드라	インドラ	인도라
시바	シバ	시바

2. 신화 · 이야기

고사기	古事記 (こじき)	코지키
일본서기	日本書紀 (にほんしょき)	니혼쇼키
신화	神話 (しんわ)	신와
설화	説話 (せつわ)	세쯔와
전설	伝説 (でんせつ)	덴세쯔
800만의 신	八百万の神 (やおよろずかみ)	야오요로즈노카미
이자나기	伊邪那岐 (いざなぎ)	이자나기
이자나미	伊邪那美 (いざなみ)	이자나미
태양의 신	天照大神 (あまてらすおおみかみ)	아마테라스오오미카미
달의 신	月讀命 (つくよみのみこと)	츠쿠요미노미코토
폭풍의 신	建速須佐之男命 (たてはやすさのおのみこと)	타테하야스사노오노미코토
물건에 붙는 신	付喪神 (つくもがみ)	쯔쿠모가미

신들이 사는 천상세계	高天原 (たかまがはら)	타카마가하라
천률신	天つ神 (あま かみ)	아마쯔카미
국률신	国つ神 (くに かみ)	쿠니쯔카미
황천, 저승	黄泉 (よみ)	요미
3종신기	三種の神器 (さんしゅ じんぎ)	산슈노징기
쿠사나기의 검	草薙剣 (くさなぎのつるぎ)	쿠사나기노쯔루기
야타의 거울	八咫鏡 (やたのかがみ)	야타노카가미
야사카니의 곡옥	八尺瓊勾玉 (やさかにのまがたま)	야사카니노마가타마
괴물, 도깨비	鬼 (おに)	오니
인어	人魚 (にんぎょ)	닝교
상상의 물뭍 동물	河童 (かっぱ)	캇빠
코가 크고 긴 요괴	天狗 (てんぐ)	텡구
눈의 정령	雪女 (ゆきおんな)	유키온나
젖은 여자 요괴	濡れ女 (ぬ おんな)	누레온나

3. 풍습

풍습	風習(ふうしゅう)	후-슈-
연	凧, 凧(いか, たこ)	이카, 타코
(연을) 날리다	揚(あ)げる	아게루
불꽃놀이	花火(はなび)	하나비
설에 먹는 둥근 찰떡	鏡餅(かがみもち)	카가미모찌
떡국	雑煮(ぞうに)	조-니
오세치요리	お節料理(せちりょうり)	오세치료-리
소나무 장식	門松(かどまつ)	카도마쯔
성묘	墓参(はかまい)り	하카마이리
세뱃돈	お年玉(としだま)	오토시다마
연하장	年賀状(ねんがじょう)	넹가죠-
신년을 맞이하다	新年(しんねん)を迎(むか)える	신넹오 무카에루

새해 첫 참배	初詣（はつもうで）	하쯔모-데
신사	神社（じんじゃ）	진쟈
해넘김국수	年越しそば（としこし）	토시코시소바
마지막날 대청소	煤払い（すすはら）	쓰쓰하라이
복주머니	福袋（ふくぶくろ）	후쿠부꾸로
일본옷	着物（きもの）	키모노
액막이 콩뿌리기	豆撒き, 豆打ち（まめま, まめう）	마메마키, 마메우치
축제	祭（まつり）	마쯔리
벚꽃놀이	花見（はなみ）	하나미
테루테루보즈	照る照る坊主（て て ぼうず）	테루테루보-즈
고이노보리	こいのぼり	코이노보리
봉오도리	盆踊り（ぼんおど）	봉오도리
달맞이	月見（つきみ）	쯔키미
동지	冬至（とうじ）	토-지

그림으로 배우는 단어 12지 동물

13

일상생활의 여러 장소

1. 여러 장소
   (1) 소방서
   (2) 세탁소
   (3) 은행
   (4) 도서관
   (5) 미용실
   (6) 우체국
   (7) 각종 시설

japanese

1. 여러 장소

(1) 소방서

소방서	消防署	쇼-보-쇼
소방차	消防車	쇼-보-샤
소방관	消防官	쇼-보-캉
소방호스	消防ホース	쇼-보-호-스
소화기	消化器	쇼-카키
인명 구조대	レスキュー隊	레스큐-타이
구급차	救急車	큐-큐-샤
화재, 불	火事	카지
화재	火災	카사이
화재 경보	火災警報	카사이케이호-
사이렌	サイレン	사이렌

119번	１１９番 _{ひゃくじゅうきゅうばん}	햐꾸쥬-큐-방

(2) 세탁소

세탁소	クリーニング屋 _や	크리-닝구야
세탁소	洗濯屋 _{せんたくや}	센타꾸야
무인세탁소	コインランドリー	코인란도리-
세탁기	洗濯機 _{せんたくき}	센타꾸키
건조기	乾燥機 _{かんそうき}	칸소-키
드라이클리닝	ドライクリーニング	도라이크리-닝구
수선	修繕 _{しゅうぜん}	슈-젠
다리미	アイロン	아이롱
얼룩	染み _し	시미
더러워짐	汚れ _{よご}	요고레
세정, 세척	洗浄 _{せんじょう}	센죠-
세제	洗剤 _{せんざい}	센자이

(1) 여러 장소

(3) 은행

저금, 예입	預け入れ (あずけいれ)	아즈케이레
저금	貯金 (ちょきん)	쵸킹
환전	両替 (りょうがえ)	료-가에
인출, 출금	引き出し (ひきだし)	히키다시
통장	通帳 (つうちょう)	쯔-쵸-
인감도장	印鑑 (いんかん)	잉캉
적금	積み立て (つみたて)	쯔미타떼
예금	預金 (よきん)	요킹
송금하다	振り込む (ふりこむ)	후리코무
대출	ローン	로-온
계좌	口座 (こうざ)	코-자
해약	解約 (かいやく)	카이야꾸
잔고	残高 (ざんだか)	잔다카

244

현금	現金	겡킹
수표	小切手	코깃떼
어음	手形	테가타
이자	利子	리시

(4) 도서관

도서관	図書館	토쇼캉
도서관	ライブラリー	라이브라리-
도서실	図書室	토쇼시쯔
자료	資料	시료-
서적	書籍	쇼세끼
잡지	雑誌	잣시
문헌	文献	붕켄
검색	検索	켄사꾸
열람	閲覧	에쯔랑

(1) 여러 장소

대출	貸し出し	카시다시
빌리다	借りる	카리루
예약	予約	요야꾸
반납	返却	헹캬꾸
반납	返納	헨노-
권, 부	冊	사쯔
복사	複写	후쿠샤

(5) 미용실

미용실	美容室	비요-시쯔
미용실	美容院	비요-잉
이발소	床屋	토코야
스타일	スタイル	스타이루
머리 모양	髪型	카미가타
머리카락	髪の毛	카미노케

(머리를) 자르다	カットする	캇또스루
자르다	切る	키루
커트	カット	캇또
짧은머리	ショートカット	쇼-또캇또
단발머리	おかっぱ	오캅빠
염색하다	染める	소메루
금발	金髪	킴파쯔
파마	パーマ	파-마
수염	ひげ	히게
샴푸	シャンプー	샴푸-
트리트먼트	トリートメント	토리-토멘토
붙임머리	エクステ	에꾸스테
네일 아트	ネールアート	네-루아-토
마사지	マッサージ	맛사-지

(1) 여러 장소

(6) 우체국

우체국	郵便局 ゆうびんきょく	유-빙쿄꾸
우체통	ポスト	포스토
편지	手紙 てがみ	테가미
엽서	葉書 はがき	하가키
보통우편	普通郵便 ふつうゆうびん	후쯔-유-빙
등기우편	書留 かきとめ	카키토메
소포	小包 こづつみ	코즈쯔미
항공우편	エアメール	에아메-루
항공우편	航空郵便 こうくうゆうびん	코-쿠-유-빙
배편	船便 ふなびん	후나빙
받는 사람	受取人 うけとりにん	우케토리닝
수신인명	宛名 あてな	아떼나
보내는 사람	差出人 さしだしにん	사시다시닝

주소	住所 じゅうしょ	쥬-쇼
우표	切手 きって	킷떼
봉투	封筒 ふうとう	후-또-
소인	消印 けしいん	케시잉
발송	発送 はっそう	핫소-
속달	速達 そくたつ	소꾸타쯔
전보	電報 でんぽう	뎀뽀-
송달	送達 そうたつ	소-따쯔
수취	受取り うけとり	우케토리
우편번호	郵便番号 ゆうびんばんごう	유-빔방고-
우편요금	郵便料金 ゆうびんりょうきん	유-빈료-킹
우표를 붙이다	切手を貼る きって　は	킷떼오 하루
전보를 치다	電報を打つ でんぽう　う	뎀뽀-오 우쯔
편지가 오다	手紙が来る てがみ　く	테가미가 쿠루

(1) 여러 장소

편지를 보내다	手紙を出す	테가미오 다쓰
편지지	便箋	빈셍
포장하다	包む	쓰쓰무
내용물	中身	나카미
답장, 회신	返事	헨지
동봉하다	同封する	도-후-스루

(7) 각종 시설

관공서	役所	야꾸쇼
시청	市役所	시야꾸쇼
구청	区役所	쿠야꾸쇼
광장	広場	히로바
공원	公園	코-엥
다방	喫茶店	킷사뗑
빌딩	ビル	비루

약국	薬屋 (くすりや)	쿠쓰리야
잡화점	ドラッグストア	도락구스토아
영화관	映画館 (えいがかん)	에-가캉
정육점	肉屋 (にくや)	니꾸야
사진관	写真館 (しゃしんかん)	샤싱캉
유원지	遊園地 (ゆうえんち)	유-엔치
철물점	金物屋 (かなものや)	카나모노야
대중목욕탕	銭湯 (せんとう)	센토-
목욕탕	風呂屋 (ふろや)	후로야
박물관	博物館 (はくぶつかん)	하꾸부쯔캉
미술관	美術館 (びじゅつかん)	비쥬쯔캉
동물원	動物園 (どうぶつえん)	도-부쯔엔
슈퍼마켓	スーパーマーケット	스-파마-켓또
주유소	ガソリンスタンド	가소린스탄도

제13장 일상생활의 여러 장소

그림으로 배우는 단어 우편

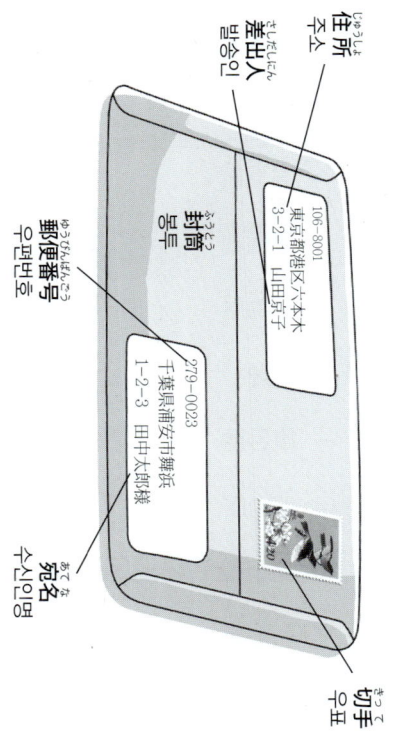

- じゅうしょ 住所 / 주소
- さしだしにん 差出人 / 발송인
- ふうとう 封筒 / 봉투
- ゆうびんばんごう 郵便番号 / 우편번호
- あてな 宛名 / 수신인명
- きって 切手 / 우표

14

질병과 사고

1. 병원
   (1) 증상
   (2) 질병
   (3) 병원
   (4) 진료과목
   (5) 처방, 약
2. 범죄와 사고

japanese

1. 병원

(1) 증상

감기	風邪	카제
감기에 걸리다	風邪を引く	카제오 히꾸
열	熱	네쯔
발한	発汗	학깡
고열	高熱	코-네쯔
한기	寒気	사무케
콧물	鼻水	하나미즈
기침이 나다	咳が出る	세키가 데루
두통	頭痛	즈쯔-
골절	骨折	콧세쯔
어깨가 뻐근함	肩こり	카따코리

과로	過労 (かろう)	카로-
구역질	吐き気 (はけ)	하끼케
토하다	吐く (は)	하꾸
두드러기	じんましん	짐마싱
알레르기	アレルギー	아레루기-
발작	発作 (ほっさ)	홋사
변비	便秘 (べんぴ)	벰삐
병나다	病気になる (びょうき)	뵤-끼니 나루
복통	腹痛 (ふくつう)	후꾸쯔-
상처, 부상	怪我 (けが)	케가
상처	傷 (きず)	키즈
흉터	傷跡 (きずあと)	키즈아또
생리통	月経痛 (げっけいつう)	겟케-쯔-
설사	下痢 (げり)	게리

(1) 병원

소화불량	消化不良	쇼-카후료-
식욕이 없다	食欲がない	쇼꾸요꾸가 나이
졸리다	眠い	네무이
아프다	痛い	이타이
근육통	筋肉痛	킨니꾸쯔-
신경통	神経痛	싱케이쯔-
재채기	くしゃみ	쿠샤미
부상	負傷	후쇼-
경상, 가벼운 상처	軽いけが	카루이케가
중상	重傷	쥬-쇼-
출혈	出血	슛케쯔
충혈	充血	쥬-케쯔
충치	虫歯	무시바
치통	歯痛	시쯔-

요통	腰痛(ようつう)	요-쯔-
욱신욱신	ずきずき	즈키즈키
콕콕(쑤시는 듯이)	しくしく	시꾸시꾸
통증	痛(いた)み	이타미
피로	疲労(ひろう)	히로-
피로	疲(つか)れ	쯔카레
현기증	目眩(めまい)	메마이
화상	火傷(やけど)	야케도
꽃가루 알레르기	花粉症(かふんしょう)	카훈쇼-
비염	鼻炎(びえん)	비엥
식중독	食中毒(しょくちゅうどく)	쇼꾸츄-도쿠
낫다	治(なお)る	나오루

(2) 질병

암	癌(がん)	강

(1) 병원

고혈압	高血圧 (こうけつあつ)	코-케쯔아쯔
저혈압	低血圧 (ていけつあつ)	테-케-아쯔
뇌출혈	脳出血 (のうしゅっけつ)	노-슛케쯔
당뇨병	糖尿病 (とうにょうびょう)	토-뇨-뵤-
기흉	気胸 (ききょう)	키쿄-
천식	喘息 (ぜんそく)	젠소꾸
폐렴	肺炎 (はいえん)	하이엥
결핵	結核 (けっかく)	켁카꾸
홍역	はしか	하시카
무좀	水虫 (みずむし)	미즈무시
빈혈	貧血 (ひんけつ)	힝케쯔
에이즈	エイズ	에이즈
인플루엔자(독감)	インフルエンザ	인후루엔자
불면증	不眠症 (ふみんしょう)	후민쇼-

자폐증	自閉症 (じへいしょう)	지헤이쇼-
뇌성마비	脳性麻痺 (のうせいまひ)	노-세-마히
백혈병	白血病 (はっけつびょう)	학케쯔뵤-
치질	痔疾 (じしつ)	지시쯔
수두	水痘 (すいとう)	스이토-
안구건조증	ドライアイ	도라이아이
염증	炎症 (えんしょう)	엔쇼-

(3) 병원

의사	医者 (いしゃ)	이샤
간호사	看護婦 (かんごふ)	캉고후
구급차	救急車 (きゅうきゅうしゃ)	큐-큐-샤
병원	病院 (びょういん)	뵤-잉
병실	病室 (びょうしつ)	뵤-시쯔
의료보험	医療保険 (いりょうほけん)	이료-호켕

(1) 병원

보험증	保険証	호켄쇼-
접수, 접수처	受け付け	우케쯔케
진찰실	診察室	신사쯔시쯔
진찰	診察	신사쯔
증상	症状	쇼-죠-
초진	初診	쇼싱
부작용	副作用	후꾸사요-
건강	健康	켕코-
검사	検査	켄사
수술	手術	슈쥬쯔
엑스레이를 찍다	レントゲンをとる	렌토겡오 토루
응급처치	応急手当	오-큐-테아떼
정제	錠剤	죠-자이
주사	注射	쥬-샤

치료	治療 ちりょう	치료-
체중	体重 たいじゅう	타이쥬-
입원	入院 にゅういん	뉴-잉
환자	患者 かんじゃ	칸쟈
병문안	見舞 みまい	미마이
병문안을 가다	見舞に行く みまい い	미마이니 이꾸
병을 고치다	病気を治す びょうき なお	보-키오 나오쓰
회복	回復 かいふく	카이후꾸
퇴원	退院 たいいん	타이잉-
진단서	診断書 しんだんしょ	신단쇼
체온	体温 たいおん	타이옹
항생물질	抗生物質 こうせいぶっしつ	코-세-붓시쯔
항생제	抗生剤 こうせいざい	코-세이자이
항암제	抗癌剤 こうがんざい	코-간자이

(1) 병원

맥박	脈拍 みゃくはく	먀꾸하꾸
병	病気 びょうき	뵤-키
혈압	血圧 けつあつ	케쯔아쯔
혈액형	血液型 けつえきがた	케쯔에끼가타
호흡	呼吸 こきゅう	코큐-
생명	生命 せいめい	세-메-
사망	死亡 しぼう	시보-

(4) 진료과목

내과	内科 ないか	나이까
외과	外科 げか	게까
소아과	小児科 しょうにか	쇼-니까
안과	眼科 がんか	강까
치과	歯科 しか	시카
이비인후과	耳鼻咽喉科 じびいんこうか	지비잉코-까

정형외과	整形外科 (せいけいげか)	세-케-게까
산부인과	産婦人科 (さんふじんか)	상후징까
비뇨기과	泌尿器科 (ひにょうきか)	히뇨-키까
피부과	皮膚科 (ひふか)	히후까
방사선과	放射線科 (ほうしゃせんか)	호-샤셍까
정신과	精神科 (せいしんか)	세-싱까
성형외과	美容外科 (びようげか)	비요-게까

(5) 처방, 약

약국	薬局 (やっきょく)	약쿄꾸
약국	薬屋 (くすりや)	쿠스리야
처방전	処方箋 (しょほうせん)	쇼호-센
약	薬 (くすり)	쿠스리
약을 먹다	薬を飲む (くすりのむ)	쿠스리오 노무
수면제	睡眠薬 (すいみんやく)	스이민야꾸

(1) 병원

아스피린	アスピリン	아스피린
안약	目薬 (めぐすり)	메구스리
물약	飲み薬 (のみぐすり)	노미구스리
바르는 약	塗り薬 (ぬりぐすり)	누리구스리
반창고	絆創膏 (ばんそうこう)	반소-코-
변비약	便秘薬 (べんぴぐすり)	벰삐구스리
붕대	包帯 (ほうたい)	호-타이
두통약	頭痛薬 (ずつうやく)	즈쯔-야꾸
멀미약	酔い止め (よいどめ)	요이도메
소화제	消化剤 (しょうかざい)	쇼-카자이
지사제	下痢止め (げりどめ)	게리도메
진통제	痛み止め (いたみどめ)	이타미도메
비타민제	ビタミン剤 (ざい)	비타민자이
해열제	解熱剤 (げねつざい)	게네쯔자이

2. 범죄와 사고

파출소	交番 (こうばん)	코-방
경찰서	警察署 (けいさつしょ)	케-사쯔쇼
경찰청	警察庁 (けいさつちょう)	케-사쯔쵸-
경시청	警視庁 (けいしちょう)	케-시쵸-
경찰	警察 (けいさつ)	케-사쯔
순경, 경찰관	お巡りさん (おまわりさん)	오마와리상
경관, 경찰관	警官 (けいかん)	케-캉
형사	刑事 (けいじ)	케-지
순찰차	パトロールカー	파토로-르카-
단속	取締り (とりしまり)	토리시마리
도난당하다	盗まれる (ぬすまれる)	누쓰마레루
도난증명서	盗難証明書 (とうなんしょうめいしょ)	토-난쇼-메-쇼

265

(2) 범죄와 사고

도둑	泥棒 どろぼう	도로보-
목격자	目撃者 もくげきしゃ	모꾸게끼샤
벌금	罰金 ばっきん	박킹
범인	犯人 はんにん	한닝
범인을 잡다	犯人を捕える はんにん と(ら)える	한닝오 토라에루
용의자	容疑者 ようぎしゃ	요-기샤
범죄	犯罪 はんざい	한자이
폭력	暴力 ぼうりょく	보-료꾸
폭행	暴行 ぼうこう	보-코-
뺑소니	ひき逃げ に	히키니게
살인	殺人 さつじん	사쯔징
소매치기	すり	스리
협박	脅迫 きょうはく	쿄-하꾸
훔치다	盗む ぬす	누쓰무

침입	侵入 (しんにゅう)	신뉴-
사고	事故 (じこ)	지코
사고증명서	事故証明書 (じこしょうめいしょ)	지코쇼-메-쇼
교통사고	交通事故 (こうつうじこ)	코-쯔-지코
전복	転覆 (てんぷく)	템뿌꾸
조사	調査 (ちょうさ)	쵸-사
피해자	被害者 (ひがいしゃ)	히가이샤
행방불명	行方不明 (ゆくえふめい)	유꾸에후메-
정당방위	正当防衛 (せいとうぼうえい)	세-토-보-에이
죄, 벌 처벌	罪 (つみ)	쯔미
체포	逮捕 (たいほ)	타이호
형무소	刑務所 (けいむしょ)	케-무쇼
유죄	有罪 (ゆうざい)	유-자이
무죄	無罪 (むざい)	무자이

그림으로 배우는 단어 　신체의 각 명칭

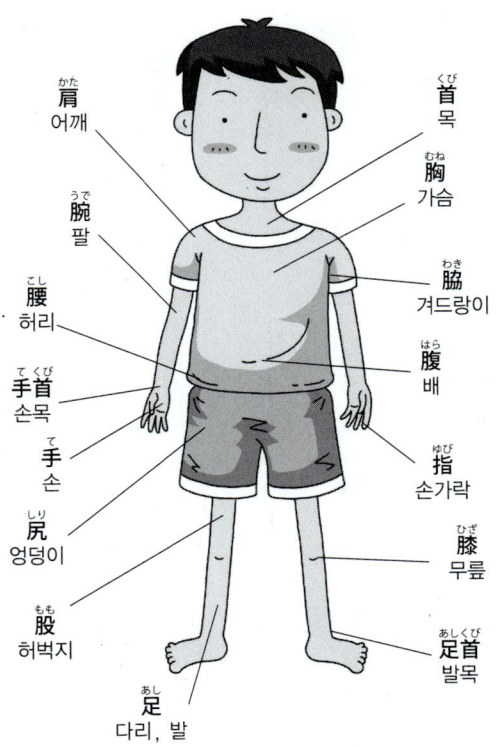

15

자연

1. 자연환경
   (1) 지리·자연
   (2) 기후
   (3) 자연재해

2. 동물·식물·광물
   (1) 동물
   (2) 식물
   (3) 광물·보석

japanese

1. 자연환경

(1) 지리 · 자연

지구	地球 (ちきゅう)	치큐-
지리	地理 (ちり)	치리
반도	半島 (はんとう)	한토-
대륙	大陸 (たいりく)	타이리꾸
열도	列島 (れっとう)	렛또-
수평선	水平線 (すいへいせん)	스이헤이센
지평선	地平線 (ちへいせん)	치헤이센
태평양	太平洋 (たいへいよう)	타이헤이요-
대서양	大西洋 (たいせいよう)	타이세이요-
인도양	インド洋 (よう)	인도요-
아시아	アジア	아지아

아프리카	アフリカ	아후리카
유럽	ヨーロッパ	요-롭빠
아메리카	アメリカ	아메리카
오세아니아	オセアニア	오세아니아
산	山(やま)	야마
숲	森(もり)	모리
들	野原(のはら)	노하라
논	たんぼ	탐보
밭	畑(はたけ)	하타케
땅	土(つち)	쯔치
돌	石(いし)	이시
바위	岩(いわ)	이와
자갈	砂利(じゃり)	쟈리
모래	砂(すな)	스나

(1) 자연환경

모래사장	砂浜(すなはま)	스나하마
사막	砂漠(さばく)	사바꾸
섬	島(しま)	시마
육지	陸地(りくち)	리쿠치
평지	平地(へいち)	헤이치
언덕	丘(おか)	오카
하늘	空(そら)	소라
밤하늘	夜空(よぞら)	요조라
달	月(つき)	쯔키
초승달	三日月(みかづき)	미카즈끼
반달	半月(はんげつ)	항게쯔
보름달	満月(まんげつ)	망게쯔
별	星(ほし)	호시
무지개	虹(にじ)	니지

빛	光 (ひかり)	히카리
바다	海 (うみ)	우미
해변	海辺 (うみべ)	우미베
해안	海岸 (かいがん)	카이강
해수면	海水面 (かいすいめん)	카이스이멘
파도	波 (なみ)	나미
호수	湖 (みずうみ)	미즈우미
샘	泉 (いずみ)	이즈미
강	川 (かわ)	카와
연못	池 (いけ)	이케
물	水 (みず)	미즈
양지	日向 (ひなた)	히나타
음지, 그늘	日陰 (ひかげ)	히카게
해가 뜨다	日が昇る (ひがのぼる)	히가 노보루

(1) 자연환경

해가 지다	日が沈む	히가 시즈무
해돋이	日の出	히노데
얼음	氷	코오리
온천	温泉	온센
폭포	滝	타키
환절기	季節の変わり目	키세쯔노 카와리메

(2) 기후

기온	気温	키옹
기후	気候	키코-
날씨, 일기	天気	텡키
일기예보	天気予報	텡키요호-
(눈·비가) 내리다	降る	후루
바람이 불다	風が吹く	카제가 후꾸
비가 그치다	雨が上がる	아메가 아가루

비가 그치다	雨が止む	아메가 야무
습기	湿気	식케
습도가 높다	湿度が高い	시쯔도가 다카이
시원하다	涼しい	스즈시이
차갑다	冷たい	쯔메타이
차가워지다	冷える	히에루
춥다	寒い	사무이
덥다	暑い	아쯔이
따뜻하다	暖かい	아타타까이
무덥다	蒸し暑い	무시아쯔이
맑다·개다	晴れる	하레루
쾌청	快晴	카이세-
흐린 후 맑음	曇りのち晴れ	쿠모리노치 하레
흐리다	曇る	쿠모루

(1) 자연환경

구름	雲 (くも)	쿠모
안개	霧 (きり)	키리
이슬	露 (つゆ)	쯔유
바람	風 (かぜ)	카제
비	雨 (あめ)	아메
눈	雪 (ゆき)	유키
봄비	春雨 (はるさめ)	하루사메
가랑비	小雨 (こさめ)	코사메
가랑비, 이슬비	霧雨 (きりさめ)	키리사메
소나기	夕立 (ゆうだち)	유-다치
소나기	にわか雨 (あめ)	니와카아메
천둥	雷 (かみなり)	카미나리
번개	稲妻 (いなずま)	이나즈마
기상청	気象庁 (きしょうちょう)	키쇼-쵸-

고기압	高気圧(こうきあつ)	코-키아쯔
저기압	低気圧(ていきあつ)	테-키아쯔
계절	季節(きせつ)	키세쯔
봄	春(はる)	하루
여름	夏(なつ)	나쯔
가을	秋(あき)	아키
겨울	冬(ふゆ)	후유
한겨울	真冬(まふゆ)	마후유
한여름	真夏(まなつ)	마나쯔
열대 기후	熱帯気候(ねったいきこう)	넷따이키코-
온대 기후	温帯気候(おんたいきこう)	온따이키코-

(3) 자연재해

가뭄	日照(ひで)り	히데리
장마가 가다	梅雨(つゆ)が明(あ)ける	쯔유가 아케루

(1) 자연환경

장마	梅雨(つゆ)	쯔유
억수같이 내리는 비	どしゃ降(ぶ)り	도샤부리
홍수	洪水(こうずい)	코-즈이
호우, 폭우	大雨(おおあめ)	오-아메
태풍	台風(たいふう)	타이후-
폭풍우	嵐(あらし)	아라시
눈사태	雪崩(なだれ)	나다레
눈보라	吹雪(ふぶき)	후부키
지진	地震(じしん)	지싱
진도	震度(しんど)	신도
강진	強震(きょうしん)	쿄-싱
약진	弱震(じゃくしん)	쟈꾸싱
화산	火山(かざん)	카잔
폭발	爆発(ばくはつ)	바꾸하쯔

해일, 쓰나미	津波 (つなみ)	쯔나미
화재	火事 (かじ)	카지
방화	放火 (ほうか)	호-카
불	火 (ひ)	히
불길	火の手 (ひのて)	히노테
불길	炎 (ほのお)	호노오
산불	山火事 (やまかじ)	야마카지
소화기	消火器 (しょうかき)	쇼-카키
연기	煙り (けむり)	케무리
재	灰 (はい)	하이
피해	被害 (ひがい)	히가이
재난	災難 (さいなん)	사이난
주의보	注意報 (ちゅういほう)	츄-이호-
경보	警報 (けいほう)	케이호-

2. 동물 · 식물 · 광물

(1) 동물

동물	動物 (どうぶつ)	도-부쯔
개	犬 (いぬ)	이누
고양이	猫 (ねこ)	네코
고래	鯨 (くじら)	쿠지라
돌고래	イルカ	이루카
곰	熊 (くま)	쿠마
돼지	豚 (ぶた)	부타
말	馬 (うま)	우마
소	牛 (うし)	우시
원숭이	猿 (さる)	사루
쥐	鼠 (ねずみ)	네즈미

코끼리	象(ぞう)	조-
양	羊(ひつじ)	히쯔지
토끼	うさぎ	우사기
호랑이	虎(とら)	토라
사자	ライオン	라이옹
여우	きつね	키쯔네
너구리	たぬき	타누키
기린	キリン	키린
코뿔소	サイ	사이
사슴	鹿(しか)	시카
판다	パンダ	판다
표범	豹(ひょう)	효-
햄스터	ハムスター	하무스타-
새	鳥(とり)	토리

(2) 동물·식물·광물

까마귀	烏 (からす)	카라스
닭	鶏 (にわとり)	니와토리
집오리	あひる	아히루
오리	鴨 (かも)	카모
제비	燕 (つばめ)	쯔바메
참새	雀 (すずめ)	스즈메
비둘기	鳩 (はと)	하토
갈매기	かもめ	카모메
공작	孔雀 (くじゃく)	쿠쟈쿠
앵무새	オウム	오-무
문조	文鳥 (ぶんちょう)	분쵸-
백조, 고니	スワン, 白鳥 (しらとり)	스완, 시라토리
타조	ダチョウ	다쵸-
학, 두루미	鶴 (つる)	쯔루

곤충	昆虫(こんちゅう)	콘츄-
벌레	虫(むし)	무시
뱀	蛇(へび)	헤비
도마뱀	とかげ	토카게
거북이	亀(かめ)	카메
악어	ワニ	와니
카멜레온	カメレオン	카메레옹
이구아나	イグアナ	이구아나
개구리	蛙(かえる)	카에루
두꺼비	ひきがえる	히키가에루
도마뱀	トカゲ	토카게
개미	あり	아리
나비	蝶(ちょう)	쵸-
모기	蚊(か)	카

(2) 동물·식물·광물

잠자리	とんぼ	톰보
파리	はえ	하에
벌	蜂(はち)	하치
장수풍뎅이	かぶと虫(むし)	카부토무시
무당벌레	てんとう虫(むし)	텐토-무시
반딧불	蛍(ほたる)	호타루
붕어	鮒(ふな)	후나
잉어	鯉(こい)	코이
금붕어	金魚(きんぎょ)	킹교
열대어	熱帯魚(ねったいぎょ)	넷따이교
광어	ひらめ	히라메
상어	鮫(さめ)	사메
해파리	くらげ	쿠라게
미꾸라지	どじょう	도죠-

(2) 식물

식물	植物 しょくぶつ	쇼꾸부쯔
나무	木 き	키
대나무	竹 たけ	타케
소나무	松の木 まつのき	마쯔노 키
벚나무	桜の木 さくらのき	사쿠라노 키
단풍, 단풍잎	紅葉 もみじ	모미지
단풍, 단풍잎	紅葉 こうよう	코-요-
가지	枝 えだ	에다
뿌리	根 ね	네
싹	芽 め	메
잎	葉 は	하
심다	植える う-える	우에루
꽃	花 はな	하나

(2) 동물・식물・광물

국화	菊 (きく)	키꾸
나팔꽃	朝顔 (あさがお)	아사가오
매화	梅 (うめ)	우메
벚꽃	桜 (さくら)	사쿠라
장미	ばら	바라
진달래, 철쭉	つつじ	쯔쯔지
들꽃	野花 (のばな)	노바나
해바라기	ひまわり	히마와리
화초	草花 (くさばな)	쿠사바나
민들레	たんぽぽ	탐뽀뽀
풀	草 (くさ)	쿠사

(3) 광물・보석

| 금속 | 金属 (きんぞく) | 킨조꾸 |
| 철 | 鉄 (てつ) | 테쯔 |

석탄	石炭 (せきたん)	세끼탄
금	金 (きん)	킹
은	銀 (ぎん)	깅
동	銅 (どう)	도-
보석	宝石 (ほうせき)	호-세키
다이아몬드	ダイヤモンド	다이야몬도
백금	白金 (はっきん)	학낑
비취	翡翠 (ひすい)	히스이
사파이어	サファイア	사화이아
산호	珊瑚 (さんご)	상고
상아	象牙 (ぞうげ)	조-게
자수정	紫水晶 (むらさきずいしょう)	무라사끼즈이쇼-
진주	真珠 (しんじゅ)	신쥬

그림으로 배우는 단어 **날씨와 자연**

16

비즈니스 · 경제

1. 직업
2. 회사
   (1) 회사 조직 · 직급
   (2) 회사생활
   (3) 사무용품
3. 경제
   (1) 비즈니스 · 무역 용어
   (2) 경제
   (3) 산업

japanese

1. 직업

직업	職業 (しょくぎょう)	쇼꾸교-
판사	判事 (はんじ)	한지
검사	検事 (けんじ)	켄지
변호사	弁護士 (べんごし)	벵고시
공무원	公務員 (こうむいん)	코-무잉
샐러리맨	サラリーマン	사라리-망
학자	学者 (がくしゃ)	가꾸샤
과학자	科学者 (かがくしゃ)	카가꾸샤
교수	教授 (きょうじゅ)	쿄-쥬
선생님	先生 (せんせい)	센세-
대학생	大学生 (だいがくせい)	다이각세-
학생	学生 (がくせい)	각세-

건축가	建築家	켄치꾸카
디자이너	デザイナー	데자이나-
모델	モデル	모데루
목수	大工	다이쿠
배우	俳優	하이유-
선수	選手	센슈
소설가	小説家	쇼-세쯔카
기자	記者	키샤
실업자, 실직자	失業者	시쯔교-샤
아나운서	アナウンサー	아나운사-
캐스터	キャスター	캬스타-
카메라맨	カメラマン	카메라망
엔지니어	エンジニア	엔지니아
프로듀서	プロデューサー	프로듀-사-

(1) 직업

감독	監督 (かんとく)	칸토꾸
농부	農夫 (のうふ)	노-후
어부	漁師 (りょうし)	료-시
요리사	料理人 (りょうりにん), コック	료-리닝, 콕꾸
운전수	運転手 (うんてんしゅ)	운뗀슈
은행원	銀行員 (ぎんこういん)	깅코-잉
음악가	音楽家 (おんがくか)	옹가꾸카
저널리스트	ジャーナリスト	쟈-나리스토
청소부	清掃員 (せいそういん)	세-소-잉
프로그래머	プログラマー	프로그라마-
피아니스트	ピアニスト	피아니스토
화가	画家 (がか)	가카
아르바이트	アルバイト	아르바이토
프리터	フリーター	후리-타-

2. 회사

(1) 회사 조직 · 직급

회사	会社 (かいしゃ)	카이샤
금융회사	金融会社 (きんゆうがいしゃ)	킹유-가이샤
유한 회사	有限会社 (ゆうげんがいしゃ)	유-겡가이샤
주식회사	株式会社 (かぶしきがいしゃ)	카부시키가이샤
대기업	大企業 (だいきぎょう)	다이키교-
중소기업	中小企業 (ちゅうしょうきぎょう)	츄-쇼-키교-
본사	本社 (ほんしゃ)	혼샤
지사	支社 (ししゃ)	시샤
규모가 큰 회사	大手 (おおて)	오-테
역사가 짧은 회사	若い会社 (わかいかいしゃ)	와카이카이샤
노동조합	労働組合 (ろうどうくみあい)	로-도-쿠미아이

(2) 회사

사무소	事務所 (じむしょ)	지무쇼
근무처	勤め先 (つとめさき)	쯔토메사키
직함	肩書き (かたがき)	카타가키
중역	重役 (じゅうやく)	쥬-야꾸
임원	役員 (やくいん)	야꾸잉
임원, 중역	取締役 (とりしまりやく)	토리시마리야꾸
상사, 상관	上役 (うわやく)	우와야꾸
상사	上司 (じょうし)	죠-시
고참사원	ベテラン社員 (しゃいん)	베테란샤잉
부하직원	部下 (ぶか)	부카
신입사원	新入社員 (しんにゅうしゃいん)	신뉴-샤잉
신입, 햇병아리	新米 (しんまい)	심마이
파견사원	派遣社員 (はけんしゃいん)	하켄샤잉
부서	部署 (ぶしょ)	부쇼

관리직	管理職 かんりしょく	칸리쇼꾸
비서	秘書 ひしょ	히쇼
담당	担当 たんとう	탄토-
조직	組織 そしき	소시키
경리부	経理部 けいりぶ	케-리부
기획실	企画室 きかくしつ	키카꾸시쯔
인사부	人事部 じんじぶ	진지부
재정부	財務部 ざいむぶ	자이무부
총무부	総務部 そうむぶ	소-무부
회장	会長 かいちょう	카이쵸-
사장	社長 しゃちょう	샤쵸-
전무	専務 せんむ	셈무
상무	常務 じょうむ	죠-무
이사	理事 りじ	리지

(2) 회사

부장	部長 (ぶちょう)	부쵸-
차장	次長 (じちょう)	지쵸-
실장	室長 (しつちょう)	시쯔쵸-
과장	課長 (かちょう)	카쵸-
계장	係長 (かかりちょう)	카카리쵸-
대리	代理 (だいり)	다이리
주임	主任 (しゅにん)	슈닝
평사원	平社員 (ひらしゃいん)	히라샤잉
직원, 담당자	係員 (かかりいん)	카카리잉

(2) 회사생활

수당	手当 (てあて)	테아떼
공제	天引き (てんびき)	템비키
업무상	仕事上 (しごとじょう)	시고또죠-
연수, 교육	研修 (けんしゅう)	켄슈-

연줄, 연고	コネ	코네
마감	締切り	시메키리
명함	名刺	메-시
일, 업무	仕事	시고또
일손부족	人手不足	히또테부소꾸
일을 정리하다	仕事を片付ける	시고또오 카타즈케루
작업중	仕事中	시고또츄-
진행상태	進み具合	쓰쓰미구아이
회의	会議	카이기
회의를 열다	会議を開く	카이기오 히라꾸
이력서	履歴書	리레끼쇼
고용	雇用	코요-
고용하다	雇う	야토우
종신고용	終身雇用	슈-싱코요-

(2) 회사

채용	採用(さいよう)	사이요-
단신부임	単身赴任(たんしんふにん)	탄신후닝
부임	赴任(ふにん)	후닝
인원 삭감	人員削減(じんいんさくげん)	진잉사꾸겡
취직, 취업	就職(しゅうしょく)	슈-쇼꾸
일하러 가다	仕事(しごと)しに行(い)く	시고또시니 이꾸
타지에서 벌이를 함	出稼(でかせ)ぎ	데카세기
출근준비를 하다	出勤(しゅっきん)の支度(したく)をする	슛킹노시타꾸오스루
출근	出勤(しゅっきん)	슛킹
지각	遅刻(ちこく)	치코꾸
퇴사, 퇴근	退社(たいしゃ)	타이샤
퇴근	退勤(たいきん)	타이킹
조퇴	早退(そうたい)	소-타이
조퇴	早引(はやび)き	하야비키

298

잔업, 야근	残業(ざんぎょう)	장교-
출장	出張(しゅっちょう)	슛쵸-
외근	外回り(そとまわり)	소토마와리
전근	転勤(てんきん)	텡킹
승진	昇進(しょうしん)	쇼-신
정년퇴직	定年退職(ていねんたいしょく)	테-넨타이쇼꾸
해고	首(くび)	쿠비
해고되다	首(くび)になる	쿠비니 나루
면직	免職(めんしょく)	멘쇼꾸
해직	解職(かいしょく)	카이쇼꾸
휴가	休暇(きゅうか)	큐-카
휴가를 내다	休暇(きゅうか)をとる	큐-카오 토루
유급휴가	有給休暇(ゆうきゅうきゅうか)	유-큐-큐-카
급여	給料(きゅうりょう)	큐-료-

제16장 비즈니스·경제

299

(2) 회사

사표	辞表 (じひょう)	지효-
사표를 내다	辞表を出す (じひょうだす)	지효-오 다스
폐업	廃業 (はいぎょう)	하이교-

(3) 사무용품

서류	書類 (しょるい)	쇼루이
봉투	封筒 (ふうとう)	후-토-
파일	ファイル	화이루
클립	クリップ	크립뿌
침핀, 핀	ピン	핀
스테이플러	ホチキス	호치키스
복사기	コピー機 (き)	코피-키
프린터	プリンター	프린타-
스캐너	スキャナー	스캬나-
포스트잇	ポストイット	포스토잇또

가위	はさみ	하사미
명세표	明細書(めいさいしょ)	메-사이쇼
명세표	ラインシート	라인시-토
수정테이프	修正(しゅうせい)テープ	슈-세이테-프
수정액	修正液(しゅうせいえき)	슈-세이에끼
계산기	計算機(けいさんき)	케-상키
화이트보드	ホワイトボード	호와이토보-도
매직 펜	マジックペン	마직꾸펜
스카치테이프	スコッチテープ	스콧치테-프
책꽂이	本立(ほんたて)	혼타테
책장	本棚(ほんだな)	혼다나
잉크	インク	잉크
풀	糊(のり)	노리
라벨	ラベル	라베루

(2) 회사

영수증	領収証 (りょうしゅうしょう)	료-슈-쇼-
장부	帳簿 (ちょうぼ)	쵸-보
스탬프	スタンプ	스탐푸
펀치	パンチ	판치
바인더	バインダー	바인다-
건전지	乾電池 (かんでんち)	칸덴치
다이어리, 일지	ダイアリー	다이아리-
수첩	手帳 (てちょう)	테쵸-
포트폴리오	ポートフォリオ	포-토호리오
스탠드	スタンド	스탄도
명찰	名札 (なふだ)	나후다
자석	マグネット	마그넷또
충전기	充電器 (じゅうでんき)	쥬-뎅키
실내화	上靴 (うわぐつ)	우와구쯔

3. 경제

(1) 비즈니스·무역 용어

상사	商社 (しょうしゃ)	쇼-샤
지점	支店 (してん)	시뗑
하청회사	下請け会社 (したうけがいしゃ)	시타우케가이샤
급한 용무	急用 (きゅうよう)	큐-요-
급한 용건	急ぎの件 (いそぎのけん)	이소기노켕
값, 가격	値段 (ねだん)	네당
거래	取引 (とりひき)	토리히키
거래처	取引先 (とりひきさき)	토리히키사끼
단골거래처	得意先 (とくいさき)	토쿠이사끼
견적을 내다	見積りを出す (みつもりをだす)	미쯔모리오 다쓰
결산	決算 (けっさん)	켓산

(3) 경제

계약서	契約書 (けいやくしょ)	케-야꾸쇼
공장	工場 (こうじょう)	코-죠-
기능	機能 (きのう)	키노-
납기	納期 (のうき)	노-키
내구성	耐久性 (たいきゅうせい)	타이큐-세-
당사	当社 (とうしゃ)	토-샤
대접하다	もてなす	모테나쓰
등록	登録 (とうろく)	토-로꾸
디자인	デザイン	데자인
마무리	仕上げ (しあげ)	시아게
매상고	売上高 (うりあげだか)	우리아게다카
메이커	メーカー	메-카-
물건	品物 (しなもの)	시나모노
상품	商品 (しょうひん)	쇼-힝

상품 가짓수	品数(しなかず)	시나카즈
구매자	買い手(かて)	카이테
바이어	バイヤー	바이야-
반품	返品(へんぴん)	헴삥
발주	発注(はっちゅう)	핫츄-
방수성	防水性(ぼうすいせい)	보-쓰이세-
변상	弁償(べんしょう)	벤쇼-
보증	保証(ほしょう)	호쇼-
보증서	保証書(ほしょうしょ)	호쇼-쇼
부가가치	付加価値(ふかかち)	후카카치
부도	不渡(ふわたり)	후와타리
불량	不良(ふりょう)	후료-
상표	ブランド	부란도
생산	生産(せいさん)	세-산

(3) 경제

선적	船積み	후나즈미
성공	成功	세-코-
세금 포함	税込み	제이코미
소형	小型	코가타
초대형	超大型	쵸-오-가타
신용장	信用状	신요-죠-
신제품	新製品	신세-힝
신형	新型	싱가타
실수령액, 실수입	手取り	테도리
어음	手型	테가타
제때에 대다	間に合う	마니아우
연장	日延べ	히노베
연기	延期	엥키
지불일을 연장하다	支払い日を延ばす	시하라이비오 노바쓰

한국제	韓国製 (かんこくせい)	캉코꾸세-
일본제	日本製 (にほんせい)	니혼세-
1할(10%)	一割 (いちわり)	이찌와리
자기	磁気 (じき)	지키
자동화	オートメーション	오-토메-숀
정가	定価 (ていか)	테-카
정찰	正札 (しょうふだ)	쇼-후다
제작	製作 (せいさく)	세-사꾸
조립	組立 (くみたて)	쿠미타떼
종류	種類 (しゅるい)	슈루이
지장	差し支え (さしつかえ)	사시쯔카에
진행하다	進める (すすめる)	쓰쓰메루
차지하다	占める (しめる)	시메루
채택	採択 (さいたく)	사이타꾸

(3) 경제

책임을 지다	責任を負う	세키닝오 오우
청구서	請求書	세-큐-쇼
클레임	クレーム	크레-무
투자	投資	토-시
파산	破産	하산
판로	販路	한로
판매가격	販売金額	함바이킹가꾸
팸플릿	パンフレット	팜후렛또
품목	品目	힘모꾸
품질	品質	힌시쯔
프로젝트	プロジェクト	프로제꾸토

(2) 경제

상반기	上半期 (かみはんき)	카미항키
하반기	下半期 (しもはんき)	시모항키
가망, 예측	見込み (みこみ)	미코미
경기	景気 (けいき)	케-키
경기가 나쁘다	景気がわるい (けいき)	케-키가 와루이
경기가 좋다	景気がいい (けいき)	케-키가 이이
경비	経費 (けいひ)	케-히
경상이익	経常利益 (けいじょうりえき)	케-죠-리에끼
경영	経営 (けいえい)	케-에-
경제	経済 (けいざい)	케-자이
계획	計画 (けいかく)	케-카꾸
국채	国債 (こくさい)	콕사이
기업	企業 (きぎょう)	키교-

(3) 경제

기획	企画（きかく）	키카꾸
늘다	伸びる（のびる）	노비루
단기	短期（たんき）	탕키
대금	代金（だいきん）	다이킹
대부	貸付け（かしつけ）	카시쯔케
도매	卸売り（おろしうり）	오로시우리
소매	小売り（こうり）	코우리
도입하다	取り入れる（とりいれる）	토리이레루
매진	売り切れ（うりきれ）	우리키레
품절	品切れ（しなぎれ）	시나기레
매출	売上（うりあげ）	우리아게
목표	目標（もくひょう）	모꾸효-
무역	貿易（ぼうえき）	보-에끼
수입	輸入（ゆにゅう）	유뉴-

수출	輸出 (ゆしゅつ)	유슈쯔
성장률	成長率 (せいちょうりつ)	세-쵸-리쯔
흑자	黒字 (くろじ)	쿠로지
적자	赤字 (あかじ)	아카지
물가고	物価高 (ぶっかだか)	북카다카
바겐세일	大売出し (おおうりだし)	오-우리다시
보험회사	保険会社 (ほけんがいしゃ)	호켕가이샤
불경기	不景気 (ふけいき)	후케-키
불황	不況 (ふきょう)	후쿄-
비용	費用 (ひよう)	히요-
사단법인	社団法人 (しゃだんほうじん)	샤단호-진
재단법인	財団法人 (ざいだんほうじん)	자이단호-진
증권회사	証券会社 (しょうけんがいしゃ)	쇼-켕가이샤
주식	株式 (かぶしき)	카부시키

(3) 경제

주주	株主（かぶぬし）	카부누시
선전, 광고	宣伝（せんでん）	센덴
광고	コマーシャル	코마-샤루
이익	利益（りえき）	리에끼
손익	損益（そんえき）	송에끼
손해	損（そん）	손
수지	収支（しゅうし）	슈-시
신용	信用（しんよう）	싱요-
업계	業界（ぎょうかい）	교-카이
영업	営業（えいぎょう）	에-교-
예산	予算（よさん）	요산
운영	運営（うんえい）	웅에이
원가	原価（げんか）	겡카
원금	元金（がんきん）	강킹

원조	援助 (えんじょ)	엔죠
위축되다	落ち込む (おちこむ)	오찌코무
자금	資金 (しきん)	시킹
자금변통	資金繰り (しきんぐり)	시킹그리
자료	資料 (しりょう)	시료-
자본	資本 (しほん)	시홍
장기	長期 (ちょうき)	쵸-키
전망	見通し (みとおし)	미토오시
제휴	提携 (ていけい)	테-케-
수입	収入 (しゅうにゅう)	슈-뉴-
지출	支出 (ししゅつ)	시슈쯔
진보	進歩 (しんぽ)	심뽀
진출	進出 (しんしゅつ)	신슈쯔
차관	借款 (しゃっかん)	샥캉

(3) 경제

차용증	借用証	샤꾸요-쇼-
창립	創立	소-리쯔
채무	債務	사이무
첨단	先端	센탄
협의를 하다	打ち合わせをする	우치아와세오 쓰루
회복되다	持ち直す	모치나오쓰

(3) 산업

산업	産業	상교-
개발	開発	카이하쯔
구조, 기구	仕組	시쿠미
근대화	近代化	킨다이카
기록	記録	키로꾸
농작물	農作物	노-사꾸부쯔
농촌	農村	노-손

능률	能率 のうりつ	노-리쯔
문명	文明 ぶんめい	붐메이
문화	文化 ぶんか	붕카
보호	保護 ほご	호고
부족	不足 ふそく	후소꾸
설비	設備 せつび	세쯔비
성과	成果 せいか	세-카
번성함, 번창함	盛ん さか	사칸
연구	研究 けんきゅう	켕큐-
연료	燃料 ねんりょう	넨료-
영향	影響 えいきょう	에-쿄-
의학	医学 いがく	이가꾸
전기공학	電気工学 でんきこうがく	뎅키코-가꾸
인공위성	人工衛星 じんこうえいせい	징코-에이세-

(3) 경제

장사	商売 (しょうばい)	쇼-바이
재배	栽培 (さいばい)	사이바이
전망	眺め (ながめ)	나가메
전문가	専門家 (せんもんか)	셈몽카
전문가, 숙련자	玄人 (くろうと)	쿠로-토
정보	情報 (じょうほう)	죠-호-
제한	制限 (せいげん)	세-겡
조건	条件 (じょうけん)	죠-켕
조직	組織 (そしき)	소시키
중지	中止 (ちゅうし)	츄-시
증가	増加 (ぞうか)	조-카
추가	追加 (ついか)	쯔이카
취재	取材 (しゅざい)	슈자이
파괴	破壊 (はかい)	하카이

해결	解決 かいけつ	카이케쯔
허가	許可 きょか	쿄카
현대인	現代人 げんだいじん	겐다이진
현대적	現代的 げんだいてき	겐다이테끼
현상	現状 げんじょう	겐죠-
협회	協会 きょうかい	쿄-카이
형식	形式 けいしき	케-시키
혼란	混乱 こんらん	콘란
확대	拡大 かくだい	카꾸다이
활동	活動 かつどう	카쯔도-

그림으로 배우는 단어 **직업**

17

국가 · 정치

1. 정치 · 군사
   (1) 국가 · 정치
   (2) 행정 기관
   (3) 외교
   (4) 군사

2. 나라 이름

japanese

1. 정치 · 군사

(1) 국가 · 정치

국가	国家（こっか）	콕까
국민	国民（こくみん）	코꾸민
국회	国会（こっかい）	콕까이
공동성명	共同声明（きょうどうせいめい）	쿄-도-세이메-
민주주의	民主主義（みんしゅしゅぎ）	민슈슈기
공산주의	共産主義（きょうさんしゅぎ）	쿄-산슈기
사회주의	社会主義（しゃかいしゅぎ）	샤카이슈기
관료	官僚（かんりょう）	칸료-
대통령	大統領（だいとうりょう）	다이토-료-
장관	大臣（だいじん）	다이징
국회의원	代議士（だいぎし）	다이기시

320

수상	首相 しゅしょう	슈쇼-
총리	総理 そうり	소-리
야당	野党 やとう	야토-
여당	与党 よとう	요토-
의원	議員 ぎいん	기잉
정치가	政治家 せいじか	세-지카
위원회	委員会 いいんかい	이잉까이
임기	任期 にんき	닝끼
정당	政党 せいとう	세-토-
정부	政府 せいふ	세-후
법률	法律 ほうりつ	호-리쯔
입법	立法 りっぽう	립뽀-
행정	行政 ぎょうせい	교-세이
사법	司法 しほう	시호-

(1) 정치 · 군사

정책	政策（せいさく）	세-사꾸
정치	政治（せいじ）	세이지
헌법	憲法（けんぽう）	켐뽀-
현청	県庁（けんちょう）	켄쵸-
규칙	規則（きそく）	키소꾸
뇌물	賄賂（わいろ）	와이로
데모	デモ	데모
독립	独立（どくりつ）	도꾸리쯔
민영	民営（みんえい）	밍에이
민족	民族（みんぞく）	민조꾸
민중	民衆（みんしゅう）	민슈-
발전	発展（はってん）	핫뗑
세무서	税務署（ぜいむしょう）	제-무쇼-
친선	親善（しんぜん）	신젱

선거	選挙(せんきょ)	셍쿄
투표	投票(とうひょう)	토-효-

(2) 행정 기관

내각	内閣(ないかく)	나이카꾸
총무성	総務省(そうむしょう)	소-무쇼-
법무성	法務省(ほうむしょう)	호-무쇼-
외무성	外務省(がいむしょう)	가이무쇼-
재무성	財務省(ざいむしょう)	자이무쇼-
문부과학성	文部科学省(もんぶかがくしょう)	몸부카가꾸쇼-
후생 노동성	厚生労働省(こうせいろうどうしょう)	코-세이로-도-쇼-
농림수산성	農林水産省(のうりんすいさんしょう)	노-린스이산쇼-
경제산업성	経済産業省(けいざいさんぎょうしょう)	케-자이상교-쇼-
국토교통성	国土交通省(こくどこうつうしょう)	코꾸도코-쯔-쇼-
환경성	環境省(かんきょうしょう)	캉쿄-쇼-

(1) 정치·군사

방위성	防衛省 ぼうえいしょう	보-에-쇼-
국가 공안위원회	国家公安委員会 こっかこうあんいいんかい	콕카코-안이인카이

(3) 외교

외교	外交 がいこう	가이코-
외교관	外交官 がいこうかん	가이코-캉
교섭	交渉 こうしょう	코-쇼-
국익	国益 こくえき	코쿠에끼
국제법	国際法 こくさいほう	콕사이호-
의제	議題 ぎだい	기다이
민간외교	民間外交 みんかんがいこう	밍캉가이코-
의원외교	議員外交 ぎいんがいこう	기잉가이코-
방첩	防諜 ぼうちょう	보-쵸-
국제연합, UN	国際連合 こくさいれんごう	콕사이렝고-
국제교류	国際交流 こくさいこうりゅう	코쿠사이코-류-

영사관	領事館 りょうじかん	료-지캉
대사관	大使館 たいしかん	타이시캉

(4) 군사

군사	軍事 ぐんじ	군지
군대	軍隊 ぐんたい	군따이
군인	軍人 ぐんじん	군진
병사	兵士 へいし	헤이시
군대, 병사	兵隊 へいたい	헤이타이
장관	将官 しょうかん	쇼-캉
부대	部隊 ぶたい	부타이
계급	階級 かいきゅう	카이큐-
자위대	自衛隊 じえいたい	지에-타이
전쟁	戦争 せんそう	센소-
전투	戦闘 せんとう	센토-

(1) 정치·군사

쿠데타	クーデター	쿠-데타-
무기	武器(ぶき)	부키
병기	兵器(へいき)	헤이키
미사일	ミサイル	미사이루
탱크	戦車(せんしゃ)	센샤
탱크	タンク	탕쿠
폭탄	爆弾(ばくだん)	바꾸당
총	銃(じゅう)	쥬-
소총	鉄砲(てっぽう)	텝뽀-
총알	弾丸(だんがん)	당간
발포	発砲(はっぽう)	합뽀-
평화	平和(へいわ)	헤-와
항복	降伏(こうふく)	코-후꾸
전략	戦略(せんりゃく)	센랴꾸

2. 나라 이름

그리스	ギリシャ	기리샤
네덜란드	オランダ	오란다
노르웨이	ノルウェー	노르웨-
뉴질랜드	ニュージーランド	뉴-지-란도
대만	台湾(たいわん)	타이완
독일	ドイツ	도이쯔
러시아	ロシア	로시아
말레이시아	マレーシア	마레-시아
멕시코	メキシコ	메키시코
미국	アメリカ	아메리카
미국	米国(べいこく)	베이코꾸
몽골	モンゴル	몽고루

(2) 나라 이름

베트남	ベトナム	베토나무
벨기에	ベルギー	베르기-
브라질	ブラジル	브라지루
스웨덴	スウェーデン	스웨-덴
스위스	スイス	스이스
스페인	スペイン	스페인
싱가포르	シンガポール	싱가포-르
아일랜드	アイルランド	아이루란도
아르헨티나	アルゼンチン	아르젠친
영국	イギリス	이기리스
오스트레일리아	オーストラリア	오-스토라리아
이탈리아	イタリア	이타리아
이라크	イラク	이라크
인도	インド	인도

인도네시아	インドネシア	인도네시아
일본	日本 (に ほん)	니홍
중국	中国 (ちゅうごく)	츄-고꾸
칠레	チリ	치리
캄보디아	カンボジア	캄보지아
캐나다	カナダ	카나다
태국	タイ	타이
프랑스	フランス	후랑스
필리핀	フィリピン	휘리핀
한국	韓国 (かんこく)	캉코꾸
북한	北朝鮮 (きたちょうせん)	키타쵸-센
헝가리	ハンガリー	항가리-
폴란드	ポーランド	포-란도
포르투갈	ポルトガル	포르토가루

그림으로 배우는 단어 나라 이름

中国
ちゅうごく
중국

日本
にほん
일본

バチカン市国
しこく
바티칸시국

フランス
프랑스

インド
인도

カナダ
캐나다

アメリカ
미국

スイス
스위스

イギリス
영국

サウジアラビア
사우디아라비아

アルゼンチン
아르헨티나

オーストラリア
오스트레일리아(호주)

メキシコ
멕시코

チェコ
체코

18

위치와 성질

1. 위치 · 방향
2. 색깔
3. 성질 · 정도

1. 위치 · 방향

위치	位置 (いち)	이치
방향	方向 (ほうこう)	호-코-
방향, 방면	向き (む)	무키
방위, 방향	方角 (ほうがく)	호-가꾸
여기	ここ	코꼬
거기	そこ	소꼬
저기	あそこ	아소꼬
어디	どこ	도꼬
이쪽	こちら	고찌라
그쪽	そちら	소찌라
저쪽	あちら	아찌라
어느 쪽	どちら	도찌라

건너, 너머	向(む)こう	무코-
맞은편	向(む)かい側(がわ)	무카이가와
어딘가	どこか	도코까
어딘가에	どこかに	도코까니
어디에도	どこへも	도코에모
오른쪽	右側(みぎがわ)	미기가와
왼쪽	左側(ひだりがわ)	히다리가와
좌우	左右(さゆう)	사유-
중앙	中央(ちゅうおう)	츄-오-
앞	前(まえ)	마에
뒤	後(うし)ろ	우시로
정면	正面(しょうめん)	쇼-멘
위	上(うえ)	우에
아래	下(した)	시따

(1) 위치 · 방향

안	中 (なか)	나까
밖	外 (そと)	소또
옆에(이웃해서)	隣 (となり)	토나리
(바로) 옆	そば	소바
가로, 옆	横 (よこ)	요꼬
세로	縦 (たて)	타떼
사이, 거리, 간격	間 (あいだ)	아이다
모퉁이, 구석	角 (すみ)	스미
바닥	底 (そこ)	소꼬
동쪽	東 (ひがし)	히가시
서쪽	西 (にし)	니시
남쪽	南 (みなみ)	미나미
북쪽	北 (きた)	키타
동부	東部 (とうぶ)	토-부

서부	西部 (せいぶ)	세-부
남부	南部 (なんぶ)	남부
북부	北部 (ほくぶ)	호꾸부
동북	東北 (とうほく)	토-호꾸
북서	北西 (ほくせい)	호꾸세이
동남	東南 (とうなん)	토-난
남서	南西 (なんせい)	난세-
동서남북	東西南北 (とうざいなんぼく)	토-자이남보꾸

2. 색깔

색깔, 색	色	이로
흰색	白	시로
아이보리	アイボリー	아이보리-
베이지색	ベージュ色	베-쥬이로
노랑색	黄色	키이로
오렌지색	オレンジ色	오렌지이로
분홍색	ピンク	핑크
분홍빛, 복숭아빛	桃色	모모이로
주홍색	紅色	베니이로
빨강	赤	아카
연두색	薄緑色	우쓰미도리이로
녹색	緑	미도리

한국어	일본어	발음
녹색, 초록색	グリーン	그리-인
초록색, 풀색	草色(くさいろ)	쿠사이로
하늘색	空色(そらいろ)	소라이로
파랑색	青(あお)	아오
보라색	紫(むらさき)	무라사키
남색	紺色(こんいろ)	콩이로
갈색	茶色(ちゃいろ)	챠이로
암갈색	セピア	세피아
회색	灰色(はいいろ)	하이이로
쥐색, 회색	鼠色(ねずみいろ)	네즈미이로
검정	黒(くろ)	쿠로
어두운 색	暗(くら)い色(いろ)	쿠라이이로
밝은 색	明(あか)るい色(いろ)	아카루이이로
보색	補色(ほしょく)	호쇼꾸

(2) 색깔

한국어	일본어	발음
금색	金色（きんいろ）	킹이로
골드	ゴールド	고-르도
황금색	黄金色（おうごんいろ）	오-공이로
황금빛	黄金色（こがねいろ）	코가네이로
은색	銀色（ぎんいろ）	깅이로
실버	シルバー	시르바-
새빨강	真っ赤（まっか）	막까
새파랑	真っ青（まっさお）	맛사오
새까망	真っ黒（まっくろ）	막쿠로
새하양	真っ白（まっしろ）	맛시로

3. 성질·정도

가깝다	近(ちか)い	치카이
멀다	遠(とお)い	토오이
가늘다	細(ほそ)い	호소이
두껍다	厚(あつ)い	아쯔이
좁다	狭(せま)い	세마이
넓다	広(ひろ)い	히로이
가볍다	軽(かる)い	카루이
무겁다	重(おも)い	오모이
간단하다	簡単(かんたん)だ	칸딴다
복잡하다	複雑(ふくざつ)だ	후꾸자쯔다
쉽다	易(やさ)しい	야사시이
어렵다	難(むずか)しい	무즈카시이

(3) 성질·정도

한국어	일본어	발음
얇다, 연하다	薄い (うすい)	우쓰이
진하다	濃い (こい)	코이
굵다	太い (ふとい)	후토이
약하다	弱い (よわい)	요와이
강하다	強い (つよい)	쓰요이
짧다	短い (みじかい)	미지카이
길다	長い (ながい)	나가이
같다	同じだ (おなじだ)	오나지다
같다, 유사하다	似る (にる)	니루
다르다	違う (ちがう)	치가우
얕다	浅い (あさい)	아사이
깊다	深い (ふかい)	후카이
독특하다	独特だ (どくとくだ)	독토꾸다
화려하다, 야하다	派手だ (はでだ)	하데다

수수하다	地味だ (じみ)	지미다
이상	以上 (いじょう)	이죠-
이하	以下 (いか)	이카
크다	大きい (おお)	오오키이
작다	小さい (ちい)	치이사이
많다	多い (おお)	오오이
적다	少ない (すく)	스꾸나이
높다, 비싸다	高い (たか)	다카이
낮다, 작다	低い (ひく)	히꾸이
싸다	安い (やす)	야쓰이
빠르다	速い (はや)	하야이
느리다	遅い (おそ)	오소이
밝다	明るい (あか)	아카루이
어둡다	暗い (くら)	쿠라이

(3) 성질 · 정도

한국어	일본어	발음
캄캄하다	真っ暗だ (まっくら)	막쿠라다
안전하다	安全だ (あんぜん)	안젠다
위험하다, 위태롭다	危ない (あぶ)	아부나이
위험하다	危険だ (きけん)	키켄다
뾰족하다	鋭い (するど)	스루도이
사각	四角 (しかく)	시카꾸
사각형	四角形 (しかくけい)	시카꾸케-
삼각	三角 (さんかく)	상카꾸
삼각형	三角形 (さんかくけい)	상카꾸케-
둥글다	丸い (まる)	마루이
딱딱하다	固い (かた)	카타이
매끈매끈하다	滑らかだ (なめ)	나메라카다
부드럽다	柔らかい (やわ)	야와라카이
세차다, 심하다	激しい (はげ)	하게시이

꽉끼다, 딛하다	きつい	키쯔이
느슨하다, 헐렁하다	緩い	유루이
새롭다	新しい	아타라시이
오래되다, 낡다	古い	후루이
좋다	良い	요이
나쁘다	悪い	와루이
예쁘다, 깨끗하다	奇麗だ	키레이다
아름답다	美しい	우쯔쿠시이
추하다, 보기 흉하다	醜い	미니꾸이
지저분하다	汚い	키타나이
차갑다	冷たい	쯔메따이
시원하다	涼しい	스즈시이
따뜻하다	暖かい	아타타까이
덥다	暑い	아쯔이

(3) 성질·정도

편리하다	便利だ	벤리다
편안하다	楽だ	라꾸다
불편하다	不便だ	후벤다
품위가 없다	下品だ	게힌다
품위가 있다	上品だ	죠-힌다
훌륭하다, 멋있다	素晴しい	스바라시이
훌륭하다, 뛰어나다	立派だ	립빠다
상세하다	詳しい	쿠와시이
유명하다	有名だ	유-메-다
쾌적하다	快適だ	카이테끼다
산뜻하다	さっぱりする	삽빠리쓰루
양	量	료-
온도	温度	온도
폭, 너비	幅	하바

무게	重さ おも	오모사
반, 절반	半分 はんぶん	함붕
잘하다	上手だ じょうず	죠-즈다
못하다	下手だ へた	헤타다

그림으로 배우는 단어 **위치와 방향**

19

일상생활 · 동작

1. 동작 · 행위
   (1) 기본 동작과 행위
   (2) 기타 동작과 행위
2. 일상생활
   (1) 인사와 소개
   (2) 방문 · 초대 · 배웅
   (3) 감사 · 사과 · 축하 · 애도
   (4) 의뢰 · 허가

japanese

1. 동작·행위

(1) 기본 동작과 행위

가다	行く	이쿠
오다	来る	쿠루
가다, 오다	参る	마이루
들어가다, 들어오다	入る	하이루
넣다	入れる	이레루
돌아오다	戻る	모도루
나가다, 나오다	出る	데루
가리키다	指す	사쓰
먹다	食べる	타베루
마시다	飲む	노무
읽다	読む	요무

일어나다	起きる	오키루
의자에 앉다	椅子にかける	이쓰니 카케루
자다	寝る	네루
놀다	遊ぶ	아소부
눕다	横になる	요코니 나루
걷다	歩く	아루쿠
달리다	走る	하시루
죽다	死ぬ	시누
하다	する	쓰루
웃다	笑う	와라우
울다	泣く	나꾸
움직이다, 옮기다	動かす	우고카쓰
일하다, 활동하다	働く	하타라꾸
보다	見る	미루

(1) 동작 · 행위

보이다, 보여주다	見せる	미세루
듣다, 묻다	聞く	키꾸
이야기하다	話す	하나쓰
놓다	置く	오꾸
떠들다	騒ぐ	사와구
살다	住む	쓰무
만나다	会う	아우
노래하다	歌う	우타우
돌려주다	返す	카에쓰
돌아가다	帰る	카에루
주다	あげる	아게루
(남이) 주다	くれる	쿠레루
받다	もらう	모라우
(주는 것을) 받다	受ける	우케루

(옷을) 입다	着る	키루
(옷을) 벗다	脱ぐ	누구
부르다	呼ぶ	요부
쓰다	書く	카꾸
안다	抱く	다꾸
앉다	座る	쓰와루
서다	立つ	타쯔
일어서다	立ち上がる	타치아가루
이동하다	移動する	이도-쓰루
치다, 때리다	打つ	우쯔
세게 때리다	殴る	나구루
맞다	殴られる	나구라레루
춤추다	踊る	오도루
쉬다	休む	야쓰무

(1) 동작·행위

만지다	触る	사와루
말다, 감다	巻く	마꾸
헤엄치다	泳ぐ	오요구
열다	開ける	아케루
열리다	開く	히라꾸
날다	飛ぶ	토부
떨어지다	落ちる	오치루
떨어뜨리다	落とす	오토쓰
계단을 오르다	階段を上がる	카이당오 아가루
내리다	下がる	사가루
(길을) 건너다	横切る	요코기루
걸터앉다	腰掛ける	코시카케루
구경하다	見物する	켐부쯔쓰루
굶주리다	飢える	우에루

굽히다	曲げる	마게루
그만두다	止める	야메루
기다리다	待つ	마쯔
기르다	養う	야시나우
키우다, 양육하다	育てる	소다테루
깜빡하다	うっかりする	욱까리쓰루
깨물다, 물다	噛む	카무
꺼내다	出す	다스
꺾다, 접다	折る	오루
꺾이다, 부러지다	折れる	오레루
꼼짝않고 있다	じっとする	짓또쓰루
꿈을 꾸다	夢を見る	유메오 미루
꿰매다	縫う	누우
끝내다	終える, 済ます	오에루, 스마쓰

(1) 동작·행위

나다, 자라다	生える	하에루
남기다	残す	노코쓰
내뱉다, 토하다	吐き出す	하끼다쓰
넘어지다	倒れる	타오레루
다니다	通う	카요우
도망가다	逃げる	니게루
돌다	回る	마와루
돌아가시다	亡くなる	나꾸나루
뒤집어쓰다	被る	카부루
들어 올리다	持ち上げる	모치아게루
들여다보다	覗く	노조쿠
떠나다	離れる	하나레루
떼다, 떼어내다	外す	하즈쓰
마음 편히 쉬다	ゆっくりする	육꾸리쓰루

만들다	作る	쯔쿠루
말리다	乾かす	카와카쓰
말씀드리다	申し上げる	모-시아게루
말을 하다	口をきく	쿠찌오 키쿠
맞히다	当てる	아테루
매다	締める	시메루
조르다	絞める	시메루
맺다, 믇다	結ぶ	무쓰부
미끄러지다	滑る	스베루
바라보다	眺める	나가메루
발을 밟다	足を踏む	아시오 후무
배우다 익히다	習う	나라우
보살피다	世話をする	세와오 쓰루
부수다	壊す	코와쓰

(1) 동작·행위

붙이다	張る	하루
붙잡다	捕まえる	쯔카마에루
빌려주다	貸す	카쓰
빌리다	借りる	카리루
빼앗다	奪う	우바우
뽑다	抜く	누꾸
사용하다	使う	쯔카우
생각하다	思う, 考える	오모우, 캉가에루
서두르다	急ぐ	이소구
설명하다	説明する	세쯔메이쓰루
세다, 계산하다	数える	카조에루
세우다	立てる	타떼루
(시간을) 보내다	過ごす	스고쓰
속삭이다	ささやく	사사야꾸

356

속이다	ごまかす	고마카쓰
손을 들다	手を上げる	테오 아게루
가르치다	教える	오시에루
시키다	やらせる	야라세루
시험에 떨어지다	試験に落ちる	시켄니 오찌루
신청하다	申し込む	모-시코무
쏠리다	傾く	카타무꾸
(나무 등을) 심다	植える	우에루
쑥쑥 자라다	すくすく伸びる	스꾸스꾸 노비루
쓰러지다, 구르다	転ぶ	코로부
씻다	洗う	아라우
알다	知る	시루
알리다	知らせる	시라세루
알리다, 전하다	伝える	쓰타에루

(1) 동작 · 행위

약속하다	約束する	야쿠소꾸쓰루
얻다	得る	에루
(등에) 업히다	負われる	오와레루
엎드리다	伏せる	후세루
연습하다	練習する	렌슈-쓰루
(악기를) 연주하다	弾く	히꾸
요청하다	要請する	요-세이쓰루
운반하다	運ぶ	하코부
울리다, 소리가 나다	鳴る	나루
유지하다, 지키다	保つ	타모쯔
이기다	勝つ	카쯔
잊다	忘れる	와쓰레루
자라다, 성장하다	育つ	소다쯔
자르다	切る	키루

잠들다	眠る	네무루
재다	計る	하카루
접다	折り畳む	오리타타무
젖다	濡れる	누레루
조사하다, 찾다	調べる	시라베루
죽이다	殺す	코로쓰
즐기다	楽しむ	타노시무
지껄이다, 수다떨다	しゃべる	샤베루
지키다	守る	마모루
진척시키다	進める	쓰쓰메루
(건물을) 짓다	建てる	타테루
(배를) 젓다	漕ぐ	코구
찢다, 깨다	破る	야부루
(발로) 차다	蹴る	케루

(1) 동작·행위

착용하다	着用する	챠꾸요-스루
찾다	探す	사가쓰
채우다	満たす	미타쓰
출발하다	出発する	슛빠쯔쓰루
태우다	焦がす	코가쓰
팔짱을 낌	腕組み	우데구미
도망치다, 달아나다	逃げる	니게루
하시다	為さる	나사루
한가롭게 지내다	のんびりする	놈비리쓰루

(2) 기타 동작과 행위

위로하다	慰める	나구사메루
이해하다	理解する	리카이쓰루
개선되다	改まる	아라타마루
격려하다	力づける	치카라즈케루

고려하다	考慮する	코-료스루
미치다	狂う	쿠루우
반복하다	繰り返す	쿠리카에쓰
받아들이다	受け入れる	우케이레루
해주다	してやる	시떼야루
취급하다	取り扱う	토리아쯔카우
체험하다	体験する	타이켄쓰루
제대로 하다	きちんとする	키친또스루
정리하다	片付ける	카타즈케루
싸움을 하다	喧嘩をする	켕까오 쓰루
용서하다, 허락하다	許す	유루스
승낙하다	承諾する	쇼-다꾸쓰루
손해를 보다	損をする	송오 쓰루
데리고 가다	連れて行く	쯔레떼이쿠

(1) 동작 · 행위

말을 걸다	話しかける	하나시카케루
말해 보다	言ってみる	잇떼미루
말씀하시다	おっしゃる	옷샤루
맡기다	預ける	아즈케루
모이다	集まる	아쯔마루
몸에 익히다	身に付ける	미니 쯔케루
배신하다	裏切る	우라기루
사전을 찾다	辞書を引く	지쇼오 히꾸
통하게 하다	通す	토오쓰
태어나다	生まれる	우마레루
모으다, 정리하다	まとめる	마토메루
멍하니 있다	ぼんやりする	봉야리쓰루
맡기다	任せる	마카세루
갈라지다	分れる	와카레루

게으름을 피우다	怠ける	나마케루
괴롭히다	苛める	이지메루
깨닫다	悟る	사토루
마개를 따다	栓を抜く	셍오 누꾸
남의 이목을 끌다	人目を引く	히토메오 히꾸
구분하다, 나누다	分ける	와케루
구실을 만들다	口実を作る	코-지쯔오 쯔쿠루
권하다	勧める	쓰쓰메루
기운을 -내다	元気を出す	겡끼오 다쓰
넓히다	広げる	히로게루
다가오다	近付く	치카즈꾸
닦다, 광을 내다	磨く	미가꾸
닫다, 닫히다	閉じる	토지루
다시 하다	し直す	시나오쓰

제19과 일상생활·동작

363

(1) 동작 · 행위

늘어놓다	並(なら)べる	나라베루
돈을 갚다	お金(かね)を返(かえ)す	오카네오 카에쓰
감추다, 숨기다	隠(かく)す	카쿠스
거절당하다	断(ことわ)られる	코토와라레루
거절하다	断(ことわ)る	코토와루
깔보다	馬鹿(ばか)にする	바카니 쓰루
돈을 모으다	お金(かね)を溜(た)める	오카네오 타메루
돈을 빌리다	お金(かね)を借(か)りる	오카네오 카리루
돈을 벌다	お金(かね)を稼(かせ)ぐ	오카네오 카세구
돈이 궁하다	お金(かね)に困(こま)る	오카네니 코마루
되다, 이루어지다	成(な)る	나루
듣고 이해하다	聞(き)き取(と)る	키끼토루
말참견을 하다	口(くち)を出(だ)す	쿠찌오 다쓰
믿다	信(しん)じる	신지루

방해가 되다	邪魔(じゃま)になる	쟈마니 나루
보고 배우다	見習(みなら)う	미나라우
원하다, 바라다	願(ねが)う	네가우
분발하다, 힘쓰다	頑張(がんば)る	감바루
불평하다	不平(ふへい)を言(い)う	후헤이오 이우
비교하다	比較(ひかく)する	히카꾸쓰루
성공을 거듭하다	成功(せいこう)を重(かさ)ねる	세이코-오 카사네루
시작되다	始(はじ)まる	하지마루
시작하다	始(はじ)める	하지메루
시험해 보다	試(ため)す	타메쓰
싸우다, 경쟁하다	争(あらそ)う	아라소우
아는 체하다	知(し)ったかぶりをする	싯따카부리오 쓰루
약속을 지키다	約束(やくそく)を守(まも)る	약소꾸오 마모루
약속을 깨다	約束(やくそく)を破(やぶ)る	약소꾸오 야부루

제19과 일상생활·동작

(1) 동작 · 행위

연락을 취하다	連絡を取る	렌라꾸오 토루
예를 들다	例をあげる	레-오 아게루
용건이 있다	用がある	요-가 아루
우산을 쓰다	傘を差す	카사오 사쓰
의논하다	相談する	소-단쓰루
이름을 붙이다	名前を付ける	나마에오 쯔케루
인기를 끌다	人気を引く	닝끼오 히꾸
자물쇠를 채우다	鍵をかける	카기오 카케루
잡아끌다	引っぱる	힙빠루
적시다	濡らす	누라쓰
조심하다	気をつける	키오쯔케루
졸다	居眠りする	이네무리쓰루
준비하다	支度する	시타꾸쓰루
지불하다	払う	하라우

질문하다	質問(しつもん)する	시쯔몬쓰루
대답하다	答(こた)える	코타에루
찬성하다	賛成(さんせい)する	산세이쓰루
반대하다	反対(はんたい)する	한따이쓰루
참가하다	参加(さんか)する	상까쓰루
찾아내다	見(み)つける	미쯔케루
처리하다	処理(しょり)する	쇼리쓰루
추측하다	推測(すいそく)する	스이소꾸쓰루
칭찬받다	ほめられる	호메라레루
혼나다	叱(しか)られる	시카라레루
잔소리를 하다	小言(こごと)を言(い)う	코고또오 이우
표를 끊다	切符(きっぷ)を取(と)る	킵뿌오 토루
할 수 있다	できる	데키루
있을 수 없다	有(あ)り得(え)ない	아리에나이

2. 일상생활

(1) 인사와 소개

인사	挨拶	아이사쯔
네	はい	하이
아니오	いいえ	이-에
안녕하세요. (아침)	おはよう。	오하요-
안녕하세요. (점심)	こんにちは。	곤니찌와
안녕하세요. (저녁)	こんばんは。	곰방와
처음 뵙겠습니다.	初めまして。	하지메마시떼
안녕히 주무세요.	お休みなさい。	오야스미나사이
오래간만이군요.	お久しぶりです。	오히사시부리데스
오랜만입니다.	しばらくでした。	시바라꾸데시타
건강하세요?	お元気ですか。	오겡끼데스까

덕분에	おかげさまで	오카게사마데
다녀오겠습니다.	行って来ます。	잇떼키마쓰
다녀오세요.	行っていらっしゃい。	잇떼이랏샤이
다녀왔습니다.	ただいま。	타다이마
어서 오세요.	お帰りなさい。	오카에리나사이
그저 그래요.	まあまあです。	마-마-데쓰
잘 먹겠습니다.	いただきます。	이타다끼마쓰
잘 먹었습니다.	ごちそうさまでした。	고치소-사마데시따
실례합니다.	すみません。	쓰미마셍
실례합니다.	失礼します。	시쯔레이시마쓰
만나뵙다	お目にかかる	오메니 카카루
소개하다	紹介する	쇼-카이쓰루
악수	握手	아꾸슈
이름	名前	나마에

제19과 일상생활·동작

(2) 일상생활

소개하겠습니다.	ご紹介します。	고쇼-까이시마쓰
처음 뵙겠습니다.	はじめまして。	하지메마시떼
이름은 무엇입니까?	お名前は何ですか。	오나마에와 난데스까
김이라고 합니다.	キムと申します。	키무또 모-시마쓰

(2) 방문 · 초대 · 배웅

초대하다	招く	마네꾸
묻다, 방문하다	訪ねる	타즈네루
뜻밖의	案外	앙가이
마중	迎え	무카에
마중나가다	出迎える	데무카에루
방문	訪問	호-몽
사양	遠慮	엔료
여쭙다, 찾아뵙다	伺う	우카가우
연회	宴会	엥까이

접대	接待(せったい)	셋따이
파티	パーティー	파-티-
어서 (드세요).	どうぞ。	도-조
어서 오세요.	お上(あ)がりください。	오아가리 쿠다사이
별것 아닙니다만……	つまらないものですが。	쯔마라나이모노데쓰가
배웅하다	見送(みおく)る	미오쿠루
또 만납시다.	また会(あ)いましょう。	마따 아이마쇼-
또 오세요.	またおいでください。	마따 오이데쿠다사이
먼저 실례하겠습니다.	お先(さき)に失礼(しつれい)します。	오사키니 시쯔레-시마쓰
이만 실례하겠습니다.	これで失礼(しつれい)します。	코레데 시쯔레-시마쓰
연락 주십시오.	ご連絡(れんらく)ください。	고렌라꾸 쿠다사이
가까운 사일내에 또	また近(ちか)いうちに	마따 치카이우치니

(3) 감사 · 사과 · 축하 · 애도

감사	感謝(かんしゃ)	칸샤

(2) 일상생활

신세	世話	세와
고마워.	ありがとう。	아리가또-
감사합니다.	ありがとうございます。	아리가또- 고자이마스
수고하셨습니다.	お疲れ様でした。	오츠카레사마데시따
수고하셨습니다.	ご苦労様でした。	고쿠로-사마데시따
수고하십니다.	ご苦労様です。	고쿠로-사마데쓰
신세졌습니다.	お世話になりました。	오세와니나리마시따
도움이 되었습니다.	助かりました。	타스카리마시따
천만에요.	こちらこそ。	고찌라코소
별말씀을요.	どういたしまして。	도-이따시마시떼
사과하다	謝る	아야마루
기다리셨습니다.	お待たせしました。	오마타세시마시따
늦어서 미안합니다.	遅れてすみません。	오쿠레떼 쓰미마셍
죄송합니다.	すみません。	쓰미마셍

실례합니다.	ごめんください。	고멩 쿠다사이
미안해요.	ごめんなさい。	고멘나사이
용서하십시오.	許してください。	유루시떼 쿠다사이
폐를 끼쳤습니다.	ご迷惑をかけました。	고메이와꾸오 카케마시타
죄송합니다.	申し訳ございません。	모-시와께 고자이마셍
축하	お祝い	오이와이
생일	誕生日	탄죠-비
축하합니다.	おめでとう。	오메데토-
생일 축하해.	お誕生日おめでとう。	오탄죠-비 오메데토-
축하드립니다.	お祝い申し上げます。	오이와이 모-시아게마쓰
새해 복 많이 받으세요.	明けましておめでとう。	아케마시떼 오메데토-
다행입니다.	よかったですね。	요캇따데쓰네
안됐군요.	よくないですね。	요쿠나이데쓰네
유감이군요.	残念ですね。	잔넨데쓰네

(4) 의뢰 · 허가

부탁하다	頼む	타노무
수고	手数	테스―
안된다(금지의 뜻)	いけない	이케나이
어서(허가) · 제발	どうぞ	도―조
주세요	ください	쿠다사이
해 드리다	してあげる	시떼 아게루
기다려 주시겠습니까?	お待ちいただけますか。	오마찌이따다케 마쓰까
만일 뭐하시다면	もしなんでしたら	모시 난데시따라
번거로우시겠지만	お手数ですが	오테스―데쓰가
부탁드립니다.	お願いします。	오네가이시마쓰
시간 있으십니까?	お暇ですか。	오히마데쓰까
~은 어떻습니까?	~はいかがですか。	~와 이까가데쓰까
와 주시지 않겠습니까?	来ていただけませんか。	키떼 이타다케 마셍까

374

죄송합니다만	恐れ入りますが	오소레이리마쓰가
허가	許可	쿄카
좋습니다.	いいですよ。	이-데쓰요
괜찮습니다.	結構です。	켁꼬-데스
상관없습니다.	かまいません。	카마이마셍
그렇게 하지요.	そうしましょう。	소-시마쇼-
곤란합니다.	困ります。	코마리마쓰
서둘러 주십시오.	急いでください。	이소이데 쿠다사이
절대 안됩니다.	絶対駄目です。	젯따이 다메데쓰
그건 안됩니다.	それはいけません。	소레와 이케마셍

그림으로 배우는 단어 일상 동작

부록

의성어·의태어

사물의 소리·사물의 움직임

- **かたかた**　단단하고 작은 것이 맞닿는 소리. 달그락달그락
- **がたがた**　① 단단하고 큰 것이 부딪쳐 나는 소리. 덜커덩덜커덩
　　　　　② 심하게 흔들리는 모양. 덜덜, 부들부들
- **こんこん**　단단한 물건을 치는 소리
- **とんとん**　가볍게 물건을 치는 소리. 똑똑, 통통, 퉁퉁, 쿵쿵
- **かんかん**　종이 울리는 소리. 꽝꽝, 땡땡
- **りんりん**　방울이나 종소리. 따르릉, 찌르릉, 딸랑딸랑
- **どんどん**　큰 북을 치는 소리. 둥둥, 탕탕
- **がちゃがちゃ**　쇠붙이 따위가 부딪쳐 나는 시끄러운 소리. 잘가닥잘가닥, 절컥절컥, 절그럭절그럭
- **ちゃらちゃら**　금속성 물건이 닿는 소리. 짤랑짤랑
- **ちゃりん**　금속 등이 순간적으로 닿는 소리. 쟁그랑쟁그랑
- **がらり**　문이 열리는 소리. 드르륵, 활짝
- **かさかさ**　건조한 것이 닿아서 나는 소리. 바스락바스락
- **がさがさ**　건조한 것이 무겁게 나는 소리. 버스럭버스럭
- **きいきい**　단단한 것이 맞닿는 소리. 삐드득, 삐걱삐걱
- **ごしごし**　물건을 비벼대는 소리. 북북, 쓱쓱
- **みしみし**　널빤지 따위가 삐걱거리는 소리. 삐걱삐걱
- **さくさく**　채소 등을 썰 때 나는 소리. 삭둑삭둑
- **ざくざく**　① 자갈길을 걸어갈 때 나는 소리. 서벅서벅
　　　　　② 굵은 것을 자르는 소리. 석둑석둑

의성어・의태어

- **ちょきちょき** 가위로 자르는 소리. 삭둑삭둑
- **ぶすっと** 부드러운 것을 세차게 찌르는 모양. 푹, 쿡
- **ずぶずぶ** 부드러운 물건을 연속적으로 찌르는 소리
- **びりびり** 종이・천 등이 찢어지는 소리. 짝짝
- **ぱりぱり** 얇은 것을 찢는 모습. 짜작, 바삭바삭, 사각사각
- **ばりばり** 종이 등을 세게 찢거나 뜯는 소리. 득득, 북북
- **ちょろちょろ** 물 흐르는 소리. 졸졸
- **ざあっと** 많은 물이 한꺼번에 쏟아지는 소리. 주르륵
- **ざあざあ** ① 많은 물이 흐르는 소리. 콸콸, 줄줄
  ② 비가 계속 쏟아지는 소리. 좍좍, 쏴쏴
- **たらたら** 액체가 방울져 떨어지는 모양. 뚝뚝, 줄줄, 주르르
- **はらはら** ① 가벼운 것이 떨어져 흩어지는 모양. 팔랑팔랑
  ② 나뭇잎・눈물・물방울 등이 조용히 떨어지는 모양. 우수수, 뚝뚝
- **ぱらぱら** 가볍게 조금 뿌리는 모양. 훌훌
- **ばらばら** 빗방울・우박 등이 떨어지는 모양. 후드득후드득
- **ひらひら** 가볍고 얇은 것이 날리는 모양. 펄럭펄럭, 팔랑팔랑
- **ころころ** 작은 물건이 계속해서 구르는 모습. 대굴대굴
- **ごろごろ** 큰 물체가 육중하게 구르는 모양. 데굴데굴, 덜컹덜컹
- **ぐにゃぐにゃ** 힘없이 구부러지거나 비틀어지는 모양. 꾸불꾸불
- **ぐらぐら** 불안정하게 흔드는 모습. 흔들흔들
- **ゆらゆら** 힘없이 흔들리는 모습. 흔들흔들, 한들한들
- **ゆさゆさ** 큰 물체가 천천히 흔들리는 모습. 흔들흔들
- **くるくる** 연속적으로 경쾌하게 도는 모습. 뱅글뱅글, 빙글빙글
- **するする** 미끄러지듯 매끄럽게 움직이는 모양. 스르르, 주르르

- **ずるずる**　　質質 끌거나 끌리는 모양. 질질, 주르르

사물의 상태·성질

- **かちかち**　　몹시 딱딱한 상태. 꽁꽁
- **こりこり**　　단단한 것을 씹는 소리. 오독오독, 우둑우둑
- **ごわごわ**　　종이, 헝겊 등이 빳빳한 모양
- **ざらざら**　　감촉이 거칠고 매끄럽지 않은 모양. 까칠까칠, 꺼끌꺼끌
- **つるつる**　　표면이 매끈한 모양. 반들반들, 매끈매끈
- **ぎらぎら**　　강렬하게 빛나는 모양. 번쩍번쩍, 번득번득, 쨍쨍
- **ぴかぴか**　　윤이 나며 반짝이는 모양. 번쩍번쩍, 반짝반짝
- **きらり**　　순간적으로 빛나는 모양. 반짝, 번쩍
- **だらり**　　물건이 힘없이 늘어진 모양. 축
- **ぎりぎり**　　주어진 양이나 시간에 여유가 없는 모양. 빠듯함
- **じめじめ**　　습기나 수분이 많아서 불쾌한 상태. 눅눅히, 축축이
- **じくじく**　　물기가 많이 배어 있거나 습기가 스며 나오는 모양. 질척질척, 질퍽질퍽, 질금질금
- **ねばねば**　　끈끈하거나 차져서 잘 들러붙는 모양. 끈적끈적
- **ぬるぬる**　　미끈미끈함. 또는 미끄러운 것
- **めちゃくちゃ**　　형편없음, 엉망진창, 뒤죽박죽
- **ぐちゃぐちゃ**　　부서지거나 형태가 무너져서 흐트러진 모습. 질퍽질퍽, 질척질척, 철떡철떡, 엉망진창

사람의 동작·소리

- **すたすた**　　종종걸음으로 걷는 모습. 상큼상큼
- **てくてく**　　먼 거리를 꾸준히 걸어가는 모습. 터벅터벅

의성어 · 의태어

- **とぼとぼ**　　힘없이 걷는 모습. 터벅터벅
- **ちょこちょこ**　종종걸음치는 모양. 아장아장
- **よちよち**　　어린애 등이 걷는 모양. 아장아장, 비틀비틀
- **ずかずか**　　서슴지 않고 나아가는 모양. 성큼성큼
- **のこのこ**　　태연스레, 뻔뻔스레, 어슬렁어슬렁
- **のろのろ**　　동작이 느린 모양. 느릿느릿, 꾸물꾸물
- **うろうろ**　　목적 없이 이리저리 헤매는 모양. 어슬렁어슬렁
- **ぶらぶら**　　빈둥빈둥, 어슬렁어슬렁
- **うろちょろ**　눈앞에서 어정대는 모양. 졸랑졸랑, 어른어른
- **ずんずん**　　빠른 속도로 걷는 모습. 척척, 성큼성큼, 부쩍부쩍
- **どたばた**　　퉁탕거리며 소란을 피움. 우당탕, 쿵쾅쿵쾅
- **ぴょんぴょん**　깡충깡충, 팔딱팔딱, 훌쩍훌쩍
- **ばたばた**　　분주히 뛰어다니거나 바쁜 모양. 푸드덕, 펄럭펄럭
- **がつがつ**　　게걸스럽게 먹는 모양. 걸근걸근, 걸걸
- **こりこり**　　단단한 것을 씹는 소리. 오독오독, 우둑우둑
- **もりもり**　　왕성하게 먹어대는 모양. 와작와작
- **ぱりぱり**　　잘 씹히는 것을 깨무는 모양. 바삭바삭, 사각사각
- **もぐもぐ**　　입을 벌리지 않고 씹거나 중얼거리는 모양. 우물우물
- **ぱくぱく**　　입을 계속해서 크게 여닫는 모양. 뻐끔뻐끔, 덥석덥석
- **ごくごく**　　액체를 세차게 들이켜는 모양. 벌컥벌컥, 꿀떡꿀떡
- **すぱすぱ**　　담배를 연달아 빠는 모양. 뻐끔뻐끔
- **ぷかぷか**　　연기를 뿜어내면서 피는 모습. 뻐끔뻐끔, 뻑뻑
- **ぺこぺこ**　　몹시 배가 고픈 상태. 꼬르륵
- **ぐうぐう**　　① 배가 고파 뱃속에서 나는 소리. 꼬르륵꼬르륵
　　　　　　　② 코 고는 소리. 쿨쿨

- **がやがや** 시끄럽게 떠드는 모양. 와글와글, 왁자지껄
- **がんがん** ① 큰 목소리로 시끄럽게 지껄이는 모양. 꽥꽥
  ② 계속해서 머리를 치는 듯이 아픈 상태. 욱신욱신
- **べらべら** 막힘이 없이 지껄이는 모양. 종알종알
- **ぺらぺら** ① 외국어를 유창하게 말하는 모습. 술술, 줄줄
  ② 경솔하게 지껄여대는 모양. 나불나불
- **くだくだ** 같은 말을 되풀이하여 늘어놓는 모양. 장황하게
- **ぽんぽん** 서슴없이 말하는 모양. 계속해서 툭툭 말하는 모습
- **ひそひそ** 작은 소리로 이야기하는 모양. 소곤소곤
- **こそこそ** 남몰래 하는 모양. 살금, 소곤소곤
- **こっそり** 몰래 행동하는 모양. 남몰래, 살짝
- **ぼそぼそ** 나직하고 작은 목소리로 말하는 모양.
- **ぶうぶう** 작은 불평·잔소리를 하는 모양. 투덜투덜, 툴툴
- **ぶつぶつ** ① 작은 소리로 말하는 모양. 중얼중얼
  ② 불평·불만이나 잔소리를 하는 모양. 투덜투덜
- **けらけら** 높은 목소리로 가볍게 웃는 모습. 깔깔
- **げらげら** 큰 소리로 웃는 모양. 껄껄
- **くすっと** 소리를 내지 않고 한번 웃는 모습. 픽, 피식
- **くすくす** 소리 죽여 웃는 모양. 킥킥, 킬킬
- **にこにこ** 생글생글, 싱글벙글
- **にやにや** 우스웠던 일 등을 회상하며 히죽거리는 모양. 히죽히죽
- **わあわあ** 큰 소리로 우는 모양. 앙앙, 엉엉
- **めそめそ** 소리 없이 또는 낮은 소리로 우는 모양. 훌쩍훌쩍
- **ぽろぽろ** 눈물이 한 방울씩 떨어지는 모습. 뚝뚝
- **ぼろぼろ** 계속해서 눈물을 떨어뜨리는 모습.

의성어 · 의태어

- こっくり 졸면서 머리를 꾸벅이는 모양. 꾸벅, 꾸벅꾸벅
- すやすや 편안하게 자는 모양. 새근새근
- ぐっすり 깊은 잠을 자는 모양. 푹
- ぶるぶる 떠는 모양. 벌벌, 부들부들, 덜덜

사람의 신체적 특징 · 건강 상태

- すくすく 어린아이가 건강하게 자라는 모양. 쑥쑥, 무럭무럭
- めきめき 두드러지게 성장하는 모양. 무럭무럭, 부쩍부쩍
- ぴんぴん 건강하여 원기가 넘치는 모양. 팔팔, 펄쩍펄쩍
- だぶだぶ 군살이 많이 쪄서 뒤룩거리는 모양. 뒤룩뒤룩
- すっきり 몸 상태가 좋은 상태. 말쑥이, 산뜻이, 상쾌해지다
- さっぱり 기분이 개운한 모양. 산뜻이, 시원히, 후련하게
- よぼよぼ 늙어서 쇠약해진 모양. 비칠비칠
- がりがり 몸이 깡마른 모양. 깨깨, 빼빼
- よろよろ 체력이 떨어져서 몸이 불안정한 상태. 비틀비틀
- くらくら 현기증이 나는 모양. 아찔아찔, 어질어질
- ずきずき 상처나 종기 따위가 쑤시고 아픈 모양. 욱신욱신
- ひりひり 날카로운 통증이나 매운맛이 느껴지는 모양. 따끔따끔, 얼얼
- むかむか 토할 것 같은 상태. 메슥메슥
- ぞくぞく 갑자기 한기가 드는 모양. 오싹오싹
- へとへと 몹시 피곤해서 지쳐 있는 모양. 녹초가 되다

사람의 성격 · 심리

- おっとり 대범하고 까다롭지 않은 모양. 의젓하게, 태연하게

- のんびり   한가롭게 평온한 모양. 유유히, 한가로이, 태평하게
- はきはき   말·태도가 활발하고 똑똑한 모양. 시원시원, 또렷또렷
- いそいそ   기분이 들떠서 행동하는 모양. 부랴부랴, 부지런히
- うきうき   기쁘고 즐거운 일이 있어서 마음이 들뜬 모양
- ほくほく   기쁨을 감추지 못하는 모양. 싱글벙글
- わくわく   기쁨·걱정 등으로 설레는 모양. 두근두근, 울렁울렁
- おろおろ   허둥대는 모습. 허둥지둥, 우물쭈물, 갈팡질팡
- いじいじ   주눅이 들어 행동·태도를 취하지 못하는 모양. 어릿어릿, 어물어물, 주뼛주뼛
- うじうじ   우물쭈물, 꾸물꾸물, 멈칫멈칫, 머뭇머뭇
- まごまご   어찌할 바를 몰라 허둥대는 모양. 우물쭈물
- くよくよ   사소한 일을 걱정하여 고민하는 모양. 끙끙
- びくびく   겁이 나서 떠는 모양. 흠칫흠칫, 벌벌
- ひやひや   공포나 위험을 느끼는 모습. 조마조마, 위태위태
- おずおず   겁에 질리거나 망설이는 모양. 머뭇머뭇, 조심조심
- いらいら   안절부절못하는 모양, 초조해하는 모양
- ねちねち   싫도록 치근덕거리는 모양. 치근치근
- ぴりぴり   신경이 과민해진 상태나 모양
- むずむず   좀이 쑤시는 모양. 근실근실, 근질근질
- むっと   화가 치밀지만 꾹 참는 모양, 불쾌한 모습
- ぶすっと   무뚝뚝한 모양, 뾰로통한 모양
- むすっと   불쾌한 표정으로 입을 다물고 있는 모습
- ぐったり   기운이 없는 모습, 녹초가 됨, 축 늘어짐
- だらだら   장황하다, 지루하다

주제별 단어
일본어
4000

초판 1쇄 발행 2010년 3월 15일
18쇄 발행 2025년 8월 25일

엮은이   이지랭기지 스터디
발행인   박해성
편집   김해영, 박주홍 / 디자인   허다경

발행처   **정진출판사** www.jeongjinpub.co.kr
136-130 서울 성북구 하월곡동 화랑로 123-9
전화 (02) 917-9900, 9905
팩스 (02) 917-9907 / **이메일** jj1461@chol.com
출판등록 1989년 12월 20일 제 6-95호
ⓒ정진출판사 2010

ISBN   978-89-5700-099-1 *10730

정가 7,000원

- 출판사와 저자의 허락 없이 내용의 무단 발췌와 인용을 금합니다.
- 파본은 교환해 드립니다.